1910

O Primeiro Voo do Brasil

SUSANA ALEXANDRIA
&
SALVADOR NOGUEIRA

ALEPH

Capa Will
Tratamento de imagens Laert Marcos
Preparação de texto Mônica A. Reis
Revisão Luciane Helena Gomide
Projeto gráfico e Editoração Will
Coordenação Editorial Silvio Alexandre
Direção Editorial Adriano Fromer Piazzi

EDITORA ALEPH LTDA.
Rua Dr. Luiz Migliano, 1110 - Cj. 301
05711-900 - São Paulo - SP - Brasil
Tel.: [55 11] 3743-3202
Fax: [55 11] 3743-3263
www.editoraaleph.com.br

Dados Internacionais de Catalogação na Publicação (CIP)
(Câmara Brasileira do Livro, SP, Brasil)

Alexandria, Susana
1910, O primeiro voo do Brasil / Susana Alexandria & Salvador Nogueira. -- São Paulo : Aleph, 2010.

Bibliografia.
ISBN 978-85-7657-095-0

1. Aviação civil - Brasil - História 2. Empresas aéreas - História 3. Fabricantes de aeronaves - História 4. Fotografias 5. Lavaud, Dimitri Sensaud de, 1882-1947 I. Nogueira, Salvador. II. Título.

10-03488 CDU - 387.70981

Índices para catálogo sistemático:
1. Aviação civil : Brasil : Transportes aéreos : História 387.70981
2. Brasil : Aviação civil : Transportes aéreos : História 387.70981

Sumário

Introdução

Em 1910, os principais jornais paulistanos deram grande destaque ao feito de Dimitri Sensaud de Lavaud, o inventor francês que construiu o primeiro avião brasileiro e com ele realizou, em São Paulo, o primeiro voo do Brasil e da América Latina. As testemunhas e os contemporâneos da façanha certamente imaginaram que um fato dessa natureza, por sua relevância e pela ampla cobertura da imprensa da época – com destaque para os jornais *Correio Paulistano*, o primeiro diário de São Paulo, que circulou entre 1854 e 1963, e *O Estado de S. Paulo* –, jamais seria esquecido ou posto em dúvida.

Entretanto, os anos se passaram e o evento, apesar de toda a atenção que recebera na época, caiu no esquecimento. Prova disso é que, em 1935 (apenas 25 anos depois do voo, período curtíssimo, em termos históricos), quando Guedes Muniz desenvolvia o projeto de seu primeiro avião, o M1, no Rio de Janeiro, houve um debate, por meio da imprensa, sobre qual teria sido o primeiro avião construído no Brasil. São Paulo e Rio de Janeiro disputavam a primazia, cada estado reivindicando para si a glória de ter construído o primeiro aeroplano – e ninguém mencionava Dimitri Sensaud de Lavaud e seu avião *São Paulo*.

O ESTADO DE S. PAULO-Sabbado, 8 de janeiro de 1910

A aviação em S. Paulo

Primeiro vôo em aeroplano na America do Sul. 103 metros em 6" e 18 percorridos pelo monoplano "S. Paulo" em Osasco

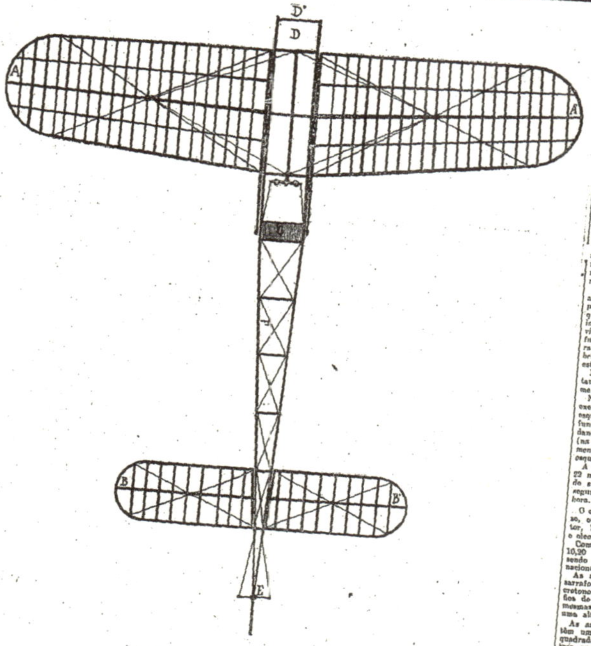

Figura n. 1 — O apparelho visto de cima

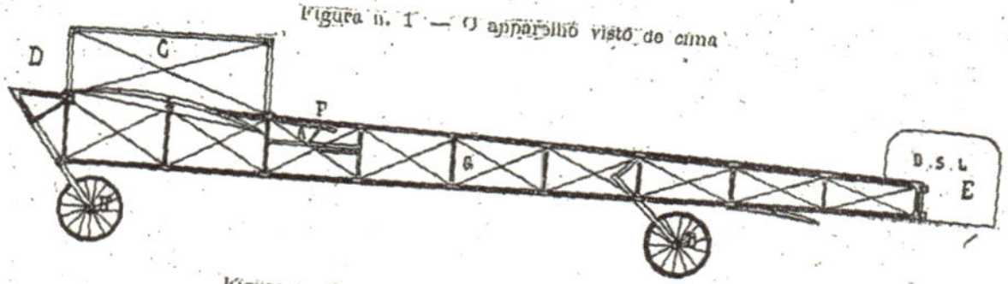

Figura n. 2 — O apparelho "Lavaud", visto de perfil

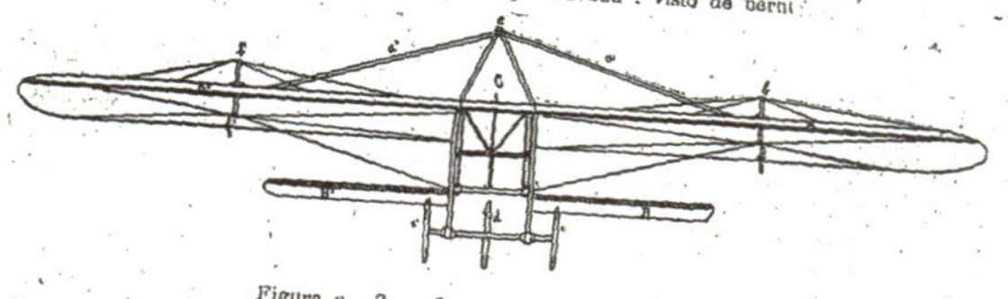

Figura n. 3 — O apparelho visto de frente

O sr. Demetrio Sensaud de Lavaud, que ha alguns mezes trabalha na construcção de um aeroplano de sua invenção, trabalhos esses que o «Estado» tem acompanhado com o maior interesse, conseguiu hontem, afinal, realisar um vôo, na extensão de 103 metros em 6" 18, numa altura que variou entre dois e quatro metros.

Quem considerar os notaveis progressos que, nestes ultimos annos realisou a aviação ao ponto de poder um aeronauta ganhar a taça «Michelin» com um record de duração de mais de 4 horas (Farman) e poder um outro (o conde de Lambert), viajar sobre a cidade de Paris, contornando a torre Eiffel, um vôo magnifico, que toda uma grande popu-

lação applaudia emocionada, dirá que a «performance» de hontem é, apenas um record de valor puramente local, tanto mais quanto, uma vez solvido o problema, todos aquelles que se entregarem ás iniciativas desse genero, baseadas na applicação da helice como elemento propulsor de um apparelho mais pezado que o ar [...]

simples continuadores e não criadores.

A favor do arrojado sportsman, que hontem fez o primeiro vôo na America do Sul, milita, no entanto, ao lado das circumstancias desfavoraveis do nosso acanhado e restricto meio, onde a industria mechanica cria difficuldades [...]

na concepção do apparelho, como do motor, ter o sr. Demetrio innumeras criações suas, ás quaes o «Estado» já fez circumstanciada menção em numeros anteriores, sendo ainda de notar que, no apparelho e no motor não ha uma só peça fabricada fóra de S. Paulo.

Ha mais de um mez que o sr. Demetrio havia interrompido as suas experiencias. O motor, pela delicadeza de algumas peças, não funccionava regularmente, de forma que se tornou necessaria a substituição dellas.

Depois, um longo e paciente trabalho para regular o motor absorveu os dias que se seguiram á substituição das peças dos cylindros.

Afinal, ha quatro dias, o seu funccionamento, ininterrupto, por espaço de 2 horas, levou o sr. de Lavaud a tentar a experiencia de hontem, com exito incontestavel.

A's 6 horas e 20 da manhan, uma ultima experiencia era feita ainda no «hangar», confirmando a regularidade do motor.

A's 5 horas e 45 minutos o elegante apparelho estava prompto para o vôo, numa rampa situada ao lado da residencia do sr. De Lavaud.

Eram 5 horas e 50 quando foi dada marcha ao motor.

Uma grande massa de curiosos, não obstante a hora em que se realisava a experiencia, esperava anciosa a sua partida.

O arrojado aviador, com um sorriso calmo, attendo ao regulador de essencia e á helice que era apenas uma sombra escura á frente do apparelho, com uma rotação provavel de 1.200 voltas por minuto, deu, emfim, o signal para largar o apparelho.

Foi uma descida vertiginosa, numa extensão de 70 metros, ao cabo dos quaes o apparelho, obedecendo ao leme de profundidade, deixou o solo librando-se airosamente no ar.

E dahi a marcha proseguiu admiravelmente, a uma altura variando entre 2 e 4 metros até á distancia de 103 metros, percorrendo em 6" e 18.

Nesse ponto, o motor — o terrivel inimigo dos aeronautas, que já proporcionou a Latham um inesperado banho em plena Mancha, pára, de repente e o apparelho cae, bruscamente, amolgando as rodas dianteiras.

Foi, pois, preciso suspender a experiencia, mas já se podendo contar para S. Paulo o «record» do primeiro vôo sul-americano, com apparelho de inteira concepção e fabricação nacional.

Brevemente o sr. Demetrio proseguirá as suas experiencias, sendo provavel que as realise no Hippodromo desta capital.

Do dia 12 do corrente em diante o seu apparelho, agora denominado monoplano «S. Paulo» será exposto no theatro Polytheama desta capital.

— Amanhan, o «Estado» exporá em uma das suas vitrinas o instantaneo do apparelho no ar.

São os seguintes os dados que obtivemos sobre o monoplano «São Paulo».

O apparelho tem a forma de uma libellula com as azas destendidas, approximando-se do typo «Bleriot» com as seguintes differenças: as azas da frente são moveis servindo de leme de profundidade e «gauchissement».

Todos os movimentos do apparelho são determinados por duas alavancas, uma de cada lado do centro de direcção e formando eixo com o sarrafo superior do esqueleto. As azas de traz são fixas.

Estas modificações introduzidas ao apparelho Bleriot são baseadas nos movimentos instinctivos do aviador na direcção e sustentação do apparelho no ar.

Assim, se o apparelho pende para a direita o corpo do aeronauta acompanha este movimento, o braço esquerdo se levanta e a aza desse lado inclina-se de cima para baixo servindo, desta forma, de leme de profundidade. Se o apparelho pende para a esquerda, o equilibrio se restabelece com movimentos contrarios a este.

Mas, as azas dianteiras servem, tambem como acima dissemos de leme.

Numa curva para a esquerda, por exemplo, o aeronauta abaixa a aza esquerda, (servindo de leme de profundidade) e levanta a aza direita, dando, ao mesmo tempo, ao leme (na cauda do apparelho) um movimento rotativo da direita para a esquerda.

A superficie total de amparo é de 22 metros quadrados e a velocidade de sustentação de 15 metros por segundo, ou sejam 54 kilometros á hora.

O esqueleto tem a forma de um fuso, onde estão presas as azas, motor, leme, reservatorio de essencia e oleo, etc.

Comprimento total do esqueleto 10,20 metros por 10,00 de largura, sendo todo construido de madeira nacional.

As azas são feitas de pequenos sarrafos cobertos com uma tela de cretone envernisada, destendida por fios de aço ligados ao meio das mesmas e ao centro do apparelho a uma altura de 75 centimetros.

As azas grandes (as da frente) têm uma superficie de 18 metros quadrados e as pequenas de 4 metros quadrados. Ambas são concavas para baixo, formando um raio de 20.° e dão ao apparelho a fórma de um triangulo com 2.20 de base por 1.80 na extremidade.

O angulo de ataque varia de 2.° a 16.°, constituindo a base de todas as operações do apparelho.

O movimento do leme é dado por meio de dois pedaes situados no centro de direcção (lugar do aeronauta).

A helice, feita de um pedaço inteiriço de jequitibá, bello trabalho do sr. Antonio Demasso, tem um diametro de 2.10 com uma largura de 30 centimetros, e um «passo» de 1,20.

A sua rotação, 1.200 voltas por minuto, exercendo uma tracção sobre o eixo equivalente a 3.000 kilogrammas (força centrifuga).

Todas estas partes essenciaes do monoplano repousam sobre tres rodas reforçadas de bicycleta, munidas de pneumaticos que sustentam 12 kilos por metro quadrado.

Do centro de direcção o aviador faz funccionar todas as partes do apparelho.

O centro de gravidade está a 3 metros e 50 centimetros do centro de tracção e a 40 centimetros do solo e o centro de direcção a 3.80 do centro de gravidade.

A essencia e o oleo estão num mesmo reservatorio de latão que se liga com o motor por meio de tubos de cobre.

Capacidade do reservatorio 25 litros. Peso total do apparelho com o aviador 200 kilos. Apparelho só 100 kilos. Peso da essencia e oleo, 25 kilos. Motor 25 kilos com força de 28-32-H. P.

Como dissemos a velocidade de origem é de 15 metros por segundo com uma accelaração de 2 metros por segundo.

— As gravuras que acima publicamos sobre o esqueleto do aeroplano representam-n'o visto de cima (fig. n. 1) visto de lado (fig. n. 2) e visto de frente (fig. n. 3).

Coube ao jornal *A Gazeta de São Paulo*, em sua edição de 31 outubro de 1935, resolver a questão: "Tudo quanto se tem dito está errado. Não é nem o 'São Paulo', feito na nossa Força Pública em 1929; nem o que evoluiu há dias, nesta capital, feito por Fritz Roesler e Hoover; nem o 'Villela nº 1', feito por um distinto oficial do nosso Exército em 1914, no Rio; e, por último, muito menos o 'Muniz nº 1', que está agora para ser experimentado no Campo dos Afonsos. O primeiro avião feito no Brasil foi construído em São Paulo, nas oficinas Graig & Martin, à Alameda Barão de Piracicaba, em 1909, portanto há 26 anos! Foi seu idealizador um jovem francês que aqui residia naquele tempo, agora residente em Paris, chamado Dimitri Sensaud de Lavaud, que nesta capital tem diversos parentes. Foi seu auxiliar, na confecção do motor e demais peças, o mecânico Lourenço Pellegatti, residente nesta capital (...). O Sr. Pellegatti esta manhã nos forneceu todos os detalhes, bem como as fotografias que publicamos, que são documentos históricos de alto valor histórico da aviação paulista".

Felizmente, um dos protagonistas da história, o mecânico Lourenço Pellegatti, pôde dar seu testemunho ao jornal e restabelecer a verdade dos fatos. Quase 20 anos depois, Pellegatti daria outra entrevista ao mesmo jornal, que publicou, em 10 de abril de 1954, como parte das comemorações dos 400 anos da cidade de São Paulo, uma matéria especial sobre o primeiro voo do Brasil.

O primeiro e único trabalho acadêmico sobre o tema surgiu em 1969, com a tese de mestrado da historiadora Helena Pignatari Werner. O texto permanece como um importante material de referência sobre o assunto, mas hoje acessível apenas a pesquisadores.

Em 1973, por iniciativa dos jornalistas José Pessoa e Risomar Fasanaro, a revista *Realidade* (que circulou entre 1966 e 1976), da Editora Abril, publicou uma matéria sobre o assunto. Foi a primeira vez que a história sobre o primeiro voo de Dimitri ganhou as páginas de um veículo de comunicação de alcance nacional. Mas, assim como das outras vezes, o assunto logo caiu no esquecimento.

Desde então, foram publicadas matérias esporádicas, principalmente em jornais locais da cidade de Osasco, onde ocorreu o fato, e em uma ou outra revista especializada em aviação – sempre com o objetivo de resgatar e relembrar a história. Em 7 de janeiro de 2010, por ocasião do centenário do voo, mais uma vez, a exemplo do que fizera cem anos antes, o jornal *O Estado de S. Paulo* publicou uma matéria de página inteira sobre o assunto.

Registros na imprensa, entretanto, são efêmeros. A manchete no jornal de hoje será facilmente esquecida amanhã. O relato da revista deste mês se perderá facilmente antes do mês seguinte. Assim, apesar da inegável importância desses registros (foi sobretudo por meio de jornais e revistas que a memória desse fato histórico foi preservada), a história do primeiro avião a voar no Brasil merecia um registro de caráter mais perene e permanente – em um livro.

1910 – O Primeiro Voo do Brasil, resultado de três anos de pesquisa, reconstitui os fatos mais relevantes sobre o episódio, documentados ao longo do século XX em fontes diversas, bem como seus antecedentes e repercussões. O livro reúne, também, imagens raras que estavam guardadas em acervos institucionais e pessoais. Este trabalho tem como objetivo contribuir para a divulgação e preservação da memória de um evento importante não só para a história da aviação, mas para a história de Osasco, de São Paulo e do Brasil.

Os autores

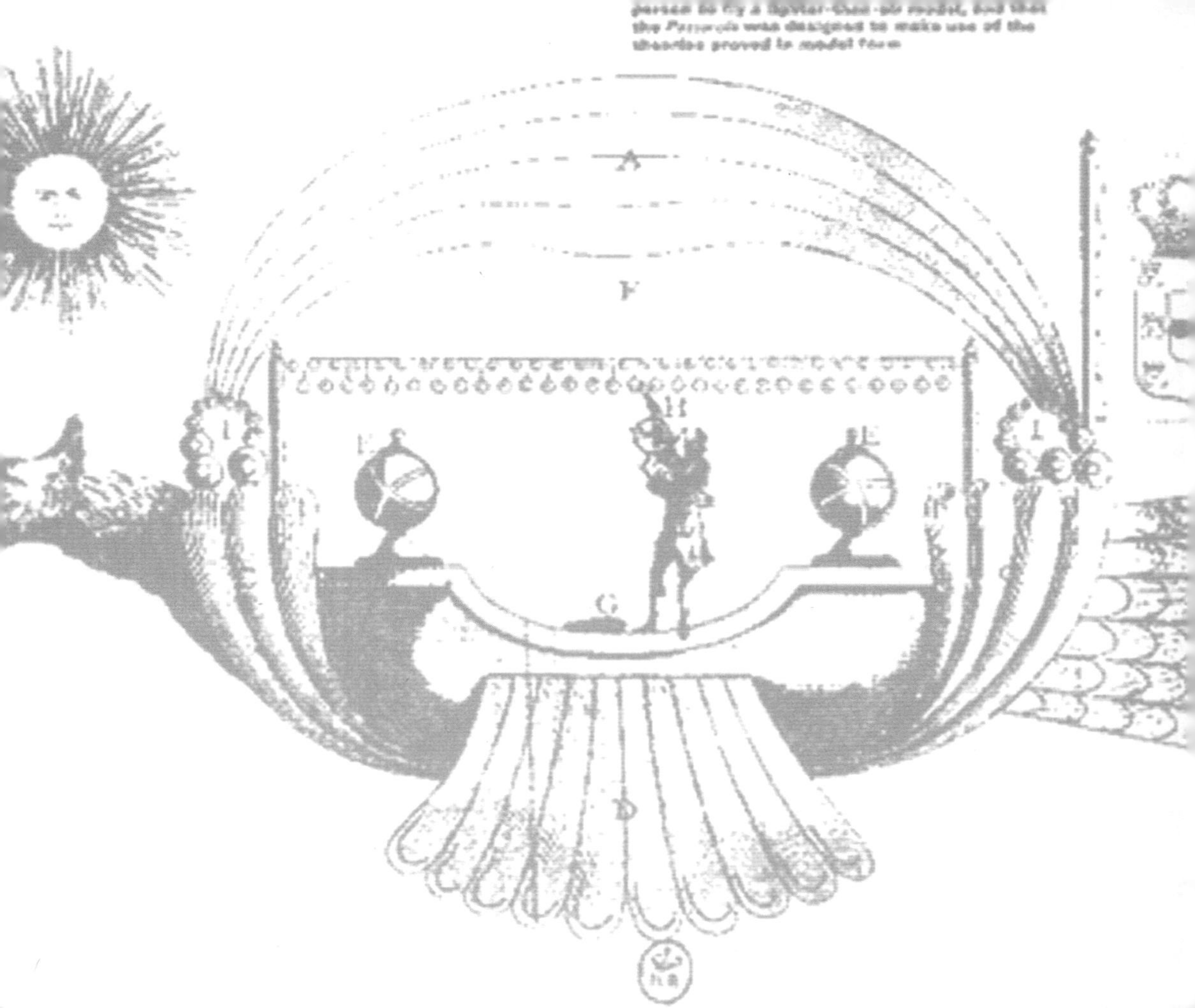

1 O amanhecer da aviação

Dédalo e Ícaro, *de Frederick Leighton*

O desejo humano de voar é ancestral, e registros dessa vontade se perdem na noite dos tempos. A história de voo mais conhecida da Antiguidade provavelmente é o mito grego de Dédalo e Ícaro, pai e filho que conseguiram fugir do labirinto da ilha de Creta fazendo uso de asas construídas com penas e cola.

Encontramos nessa lenda algumas pistas sobre onde nasce a motivação para o voo humano. Na mitologia, a estratégia serviu para a fuga de uma prisão. Mas, num nível mais elementar, o voo em si, de qualquer lugar para qualquer outro, já é uma tentativa de se rebelar contra o aprisionamento que a gravidade nos impõe. Não há dúvida de que um dos bens mais preciosos do ser humano é a liberdade, e, admitamos, a força gravitacional impõe severas restrições à nossa capacidade de movimento. Aliás, sem a ajuda de sofisticadas tecnologias e muito conhecimento técnico, estamos falando de uma prisão tecnicamente à prova de fugas.

Num nível inconsciente, isso talvez oprima o homem e praticamente o obrigue a sonhar com os céus. Ou, talvez, tenha sido meramente o desejo de exploração que nos levou a buscar caminhos além do chão.

Da mitologia à realidade

A mitologia também fala disso. Enquanto Dédalo usa suas asas meramente para escapar de Creta e pousar em segurança do outro lado do mar Egeu, Ícaro ousa mais: com a recém-adquirida capacidade de voar, ele se determina a viajar até o Sol, numa clara tentativa de explorar o que há além e superar seus próprios limites. O esforço acaba malfadado. Ao se aproximar do astro-rei, a cola que prende suas asas começa a derreter e Ícaro acaba sua tentativa de voo num trágico mergulho no mar Egeu. O mesmo destino certamente aguardaria muitos futuros aviadores na vida real.

E não seriam poucos os que aspirariam ao sonho de Ícaro. Ao longo da história, alguns dos maiores pensadores se dedicaram à engenhosa tarefa de tentar nos libertar dos grilhões da mãe Terra e navegar pelo ar. Desde sempre, estava claro que a solução para o problema do voo só poderia ser encontrada no desenvolvimento tecnológico. Nada tão simples quanto as asas dos personagens mitológicos, mas talvez algo como os ornitópteros (aviões que batiam as asas) e helicópteros concebidos pelo renascentista Leonardo da Vinci, no século XV. O grande pensador italiano não chegou a voar com alguma das máquinas que projetara, mas trouxe uma primeira contribuição definitiva ao voo humano com o desenvolvimento do paraquedas.

Os primeiros planos concretos para voar teriam de esperar mais. É quando en-

Lamento por Ícaro,
Herbert James Draper

tra em cena o Brasil no cenário do voo. O padre Bartholomeu Lourenço de Gusmão, nascido em Santos - SP, foi o pioneiro na demonstração de que o ar quente, por ser mais leve que o ar frio, poderia ser usado como forma de elevar o ser humano aos céus. Ficou famosa sua demonstração feita à corte portuguesa em 1709, em que pela primeira vez um artefato humano se elevou aos céus sem qualquer ajuda externa. Era o princípio dos balões, que nascia da mente do inventivo jesuíta.

A intenção de Gusmão era levar a cabo a construção de um veículo capaz de transportar pessoas. Chamado de *Passarola*, o invento garantiu a seu criador a alcunha de Padre Voador. Entretanto, nenhum de seus planos chegou a ser executado. Portugal não demonstrara interesse algum em financiar estudos nesse sentido.

A criação do brasileiro passaria quase um século esquecida. Somente em 1783, e de forma independente, os irmãos franceses Joseph e Jacques Étienne Montgolfier levaram a termo a ideia de construir uma aeronave mais leve que o ar para voo tripulado. Depois de experimentos com o balão desocupado, seguidos por uma viagem que levou ao céu um pato, um galo e uma ovelha – teste que deleitou a corte francesa em Versailles –, em 21 de novembro daquele ano, Pilatre de Roizier e o marquês d'Arlandes fariam a primeira ascensão humana num balão. A França, diferentemente de Portugal três quartos de século atrás, mostrou profundo interesse na nova arte, e nesse terreno fértil o balonismo logo virou uma febre.

Desenhos de Leonardo da Vinci: o renascentista concebeu o helicóptero e o paraquedas

Passarola: *invento do Padre Voador não chegou a ser executado*

Os balões e os dirigíveis

Claro, entre ter um invento fascinante e ter um dispositivo de fato útil, vai uma grande distância. Os primeiros balões de ar quente enfrentavam dois grandes problemas: um deles, mais contornável, era o risco envolvido: para manter o ar aquecido, era necessário praticamente acender uma fogueira debaixo do invólucro. O segundo, aparentemente insolúvel, estava ligado à dirigibilidade. Sendo o balão uma aeronave "mais leve que o ar", ele era carregado ao sabor dos ventos, sem que se pudesse dar controle ao veículo. Era possível controlar a altitude com os chamados lastros – pesos que podiam ser despejados do balão para aumentar a altura do voo –, mas muito pouco se podia fazer a respeito da direção.

O primeiro dos problemas foi resolvido ao longo do século XIX, conforme o ar quente deu lugar ao hidrogênio como gás preferencial para preencher o invólucro dos balões. Embora fosse altamente inflamável (leia-se, perigoso), o hidrogênio já era naturalmente mais leve que o ar, de forma que dispensava a presença de uma fonte de calor a bordo.

Entretanto, o segundo problema parecia impossível de ser solucionado, já que, para dar dirigibilidade ao balão, além do design adequado, era necessário usar um motor. Os motores a vapor, mais comuns e seguros, eram pesados demais para o serviço. E os motores a gasolina, que começaram a aparecer no final do século XIX, eram pouco confiáveis e geravam fagulhas que poderiam facilmente incendiar o invólucro de hidrogênio.

Santos-Dumont e os dirigíveis

Seria necessária a intervenção de mais um gênio brasileiro para que o problema fosse resolvido. A contribuição veio de Alberto Santos-Dumont. Quando passou a viver em Paris, ele se apaixonou em definitivo pelo balonismo e, com seu espírito inventivo, logo deixou de ser mero passageiro para se dedicar à construção de aeróstatos. Foi num furor criativo, com invenções sucessivas, que Santos-Dumont calou os críticos e, munido de um invólucro de hidrogênio em forma de charuto, um design inovador, e um motor a gasolina, conseguiu conceber os primeiros dirigíveis da história. Aí está a origem dos *blimps* e *zepellins* que conhecemos hoje.

A conquista definitiva da dirigibilidade foi marcada pela conquista de um prêmio. Santos-Dumont conseguiu vencer o desafio do magnata do petróleo Henri Deutsche, em nome do *Aero-club de France*, e sair de Saint-Cloud, contornar a Torre Eiffel e voltar ao ponto de origem com um balão dirigível em menos de 30 minutos. O sucesso, atingido em 19 de outubro de 1901, transformou o aeronauta em pop star internacional. De repente, os balões de Santos-Dumont eram febre mundial, e havia de tudo com a marca

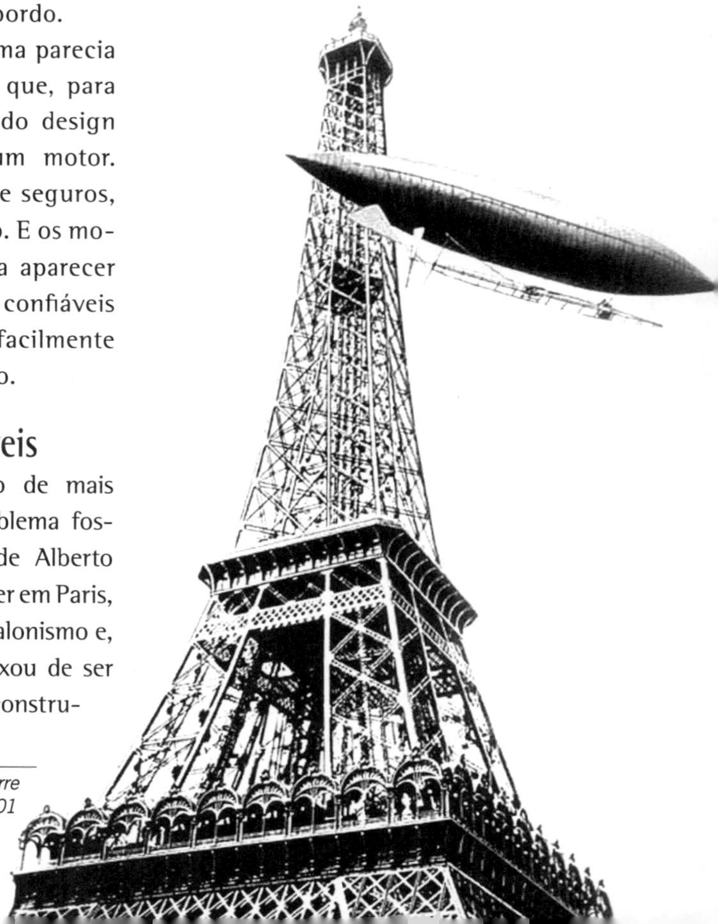

Santos-Dumont contorna a Torre Eiffel em seu dirigível, em 1901

Os irmãos Orville e Willbur Wright: pioneiros americanos

da celebridade brasileira, tanto em sua terra natal como na Europa.

Os aviões

Enquanto isso, do outro lado do Atlântico, nos Estados Unidos, uma série de inventores começava a se debruçar sobre um problema aeronáutico completamente diferente: criar uma máquina voadora mais pesada que o ar. O famoso cientista Samuel Langley fez diversos experimentos de aviação, mas sua máquina tripulada jamais voou. A mesma coisa ocorreu com os esforços de Augustus Herring, ex-funcionário de Langley. O sucesso acabou recaindo sobre dois construtores de bicicletas de Ohio, os irmãos Wilbur e Orville Wright.

A dupla teve uma percepção muito clara das dificuldades do voo do "mais pesado que o ar", com a necessidade de controle completo da aeronave quando no ar. Os lampejos, obtidos durante testes com planadores, permitiram os primeiros testes bem-sucedidos de um aeroplano, em 1903. Nos dois anos seguintes, os

O sonho de voar

1700 a.C. ▷
Data estimada para a redação do mito grego de Dédalo e Ícaro

500 a.C.
Os chineses começam a experimentar com pipas

200 a.C.
Os chineses fazem um precursor do balão de ar quente: a lanterna Kongming

1250
Roger Bacon escreve a primeira descrição técnica do voo conhecida, incluindo planos para um ornitóptero

◁ **1486-1513**
Leonardo da Vinci projeta ornitópteros, helicópteros e paraquedas

1709
Bartholomeu de Gusmão demonstra um modelo de balão de ar quente para o rei João V e a corte portuguesa

1700 a.C. | 500 a.C. | 200 a.C. | 1200 | 1400 | 1700

Wrights aperfeiçoaram seu avião, atingindo voos de vários quilômetros, com controle total sobre o veículo. Mas seu objetivo era lucrar com a conquista dos ares. Além de pedirem uma patente sobre todo e qualquer mecanismo que propiciasse controle total a um aeroplano, os irmãos tentaram comercializar seu invento a diversos governos (sendo o dos Estados Unidos um cliente preferencial), mas recusavam-se terminantemente a exibi-lo em público.

Santos-Dumont, mais uma vez

Na Europa, era consenso que os irmãos americanos não passavam de um embuste. Mas a divulgação de seus feitos fez com que os inventores franceses se voltassem para o problema do mais pesado que o ar. Desnecessário dizer que Santos-Dumont, mais uma vez, se apresentou na vanguarda. Em questão de menos de dois anos, saiu do zero para um aeroplano capaz de realizar voos curtos.

O mais famoso foi realizado em 12 de novembro de 1906. Com seu avião *14-bis* (que em quase nada lembrava o invento dos Wrights), o brasileiro percorreu 220 metros no ar, no campo de Bagatelle, em Paris, e conquistou para si o primeiro recorde registrado da aviação. Voando diante de grande público, e sem segredos, Santos-Dumont mais uma vez incendiou a imaginação popular e tornou a aviação um sonho possível. A partir daí, vários aviadores franceses começaram a decolar: Gabriel Voisin, Henri Farman, Louis Blériot. Quando os irmãos Wright se renderam e fizeram aparições públi-

Santos-Dumont e seu 14-bis*:*
voo histórico em Paris, em 1906

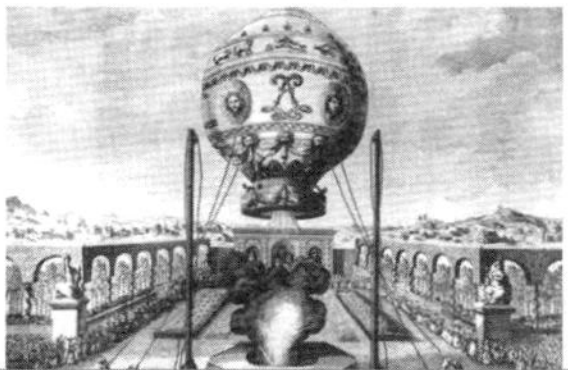

1730 — **1780** — **1800** — **1840** — **1850**

1738
O suíço Daniel Bernoulli formula o princípio da hidrodinâmica, que acabaria tendo uso na aviação

◁ **1783**
Os irmãos Montgolfier realizam os primeiros voos tripulados de balão, na França

1799
No Reino Unido, Sir George Cayley projeta um planador com base em incrível conhecimento técnico

1804
Sir George Cayley, tido como o avô da aviação, constrói um planador-modelo com base em seus projetos

1849
Empinando um planador como uma pipa, Sir George Cayley faz voar um garoto de 10 anos. É o primeiro voo conhecido de uma pessoa numa máquina mais pesada que o ar

1852
O francês Henri Giffard voa 27 km num balão dirigível, sugerindo a possibilidade de controlar balões em voo

cas na Europa, em 1908, já era tarde demais – a aviação era uma realidade irrefreável. A conquista do ar estava concluída.

O Brasil na história

É inegável que o Brasil, enquanto fornecedor de "cérebros", teve um papel fundamental nesse esforço de múltiplas gerações para libertar a humanidade dos grilhões impostos pela gravidade. Mas isso não se deve confundir com as condições que nosso país oferecia para de fato permitir grandes feitos tecnológicos.

Santos-Dumont foi um grande inventor brasileiro, mas não se pode esconder o fato de que seu sucesso foi produto integral da cultura francesa. Lá ele se apaixonou pelos balões, lá ele construiu seus dirigíveis, projetou seus aeroplanos e realizou suas grandes façanhas. Embora apaixonado pelo Brasil (ele assinava seus dois sobrenomes com hífen justamente para não deixar sumir a marca de sua herança pátria), Santos-Dumont jamais realizou qualquer proeza em solo nacional. O Brasil era, na época de seu mais ilustre inventor, um país basicamente agrário, com uma indústria ainda muito incipiente, e as coisas não iriam se modificar muito até meados do século XX. A história da aviação, portanto, teve, em seus primórdios, grande participação de brasileiros, mas não propriamente do Brasil.

O primeiro voo no Brasil

Quis o destino que um francês, naturalizado brasileiro (retribuindo assim o "favor" feito por Santos-Dumont na França), contrariasse a lógica e iniciasse a aviação no Brasil, tornando-o o primeiro país da América Latina a ver um voo de máquina mais pesada que o ar.

Dimitri Sensaud de Lavaud entrou para a história brasileira nos primeiros raios de sol do dia 7 de janeiro de 1910, ao fazer seu avião, batizado *São Paulo*, percorrer 103 metros pelo ar. A proeza ocorreu em Osasco, que então era apenas uma vila localizada nas cercanias da capital paulista. Com um detalhe: o avião foi inteiramente concebido no Brasil, com projeto, matéria-prima e mão de obra nacionais.

Era o voo que marcava o início, para todos os efeitos, da indústria aeronáutica brasileira. E, hoje, vendo a imensa frota de aviões controlada por companhias aéreas nacionais, a pujança da Força Aérea Brasileira e a inserção do Brasil no contexto global como grande fabricante de aeronaves, graças à Embraer, não se trata de pouca coisa.

1865
Júlio Verne publica *Da Terra à Lua* ▽

◁ **1891**
Samuel Langley, nos Estados Unidos, faz voar com sucesso dois aeroplanos não tripulados motorizados

1860 — 1880 — 1890 — 1895 — 1900

1889
O alemão Otto Lilienthal escreve seu grande tratado sobre a arte da aviação

1895
Lorde Kelvin, o famoso cientista britânico, diz que voar com máquinas mais pesadas que o ar é impossível

1896 △
Otto Lilienthal morre um dia após um terrível acidente em um de seus experimentos com planadores

Dimitri Sensaud de Lavaud, em 1910: primeiro voo do Brasil e da América Latina

VUE DE LA FABRIQUE Voie Ferrée

2 Por que Osasco?

Dimitri Sensaud de Lavaud, pioneiro da aviação no Brasil

Dimitri chegou a São Paulo em 1898, aos 16 anos. Seu pai, o francês Evariste Sensaud de Lavaud, era engenheiro cerâmico e veio investir numa indústria de cerâmica na então Vila Osasco, um bairro distante da capital paulista. O convite partiu do fundador da futura cidade, o imigrante italiano Antonio Agu, que sonhava em transformar Osasco num polo industrial. A fábrica de Sensaud de Lavaud iria se tornar uma das três maiores do setor no Brasil.

Foi em Osasco que Dimitri projetou e montou o primeiro aeroplano de fabricação nacional. E foi de solo osasquense que a máquina decolou no primeiro voo do Brasil e da América Latina. Assim, vale a pena fazer uma breve viagem ao começo de tudo e conhecer um pouco sobre Osasco, uma vila praticamente recém-nascida quando da chegada de Dimitri ao Brasil, e entender por que ela se tornou o berço do primeiro avião nacional.

Um bairro afastado

Até o final do século XIX, a região onde hoje fica Osasco – um dos municípios da região metropolitana que formam a Grande São Paulo, a pouco mais de 10 quilometros da capital paulista – era um lugar praticamente desabitado, constituído de chácaras, sítios e fazendas.

A cidade de São Paulo crescia desde 1827, com a criação dos cursos jurídicos no Convento de São Francisco (que daria origem à futura Faculdade de Direito do Largo de São Francisco) e o consequente fluxo de professores e estudantes. Mas o fator decisivo para esse desenvolvimento foi, sem dúvida, a expansão da produção de café, inicialmente na região do Vale do Paraíba e, depois, nas regiões de Campinas, Rio Claro, São Carlos e Ribeirão Preto. A produção e a exportação de café trouxeram não só à capital, São Paulo, mas a toda a província (que depois passaria a se chamar Estado de São Paulo), grande crescimento econômico e populacional. Foi graças ao dinheiro obtido com a exportação de café que surgiram as primeiras indústrias de São Paulo.

A velha estrada

A atual Avenida dos Autonomistas, em Osasco, era parte de uma via de terra batida conhecida, inicialmente, como Estrada Pinheiros-Osasco (que compreendia as atuais avenidas Corifeu de Azevedo Marques e Autonomistas) e, depois, como Estrada de Itu, em todo o trecho entre as cidades de São Paulo e Itu.

A Estrada de Ferro Sorocabana

A Companhia Estrada de Ferro Sorocabana foi criada em 1870 por empresários da cidade de Sorocaba. O primeiro trecho da ferrovia, formado por uma única linha, foi inaugurado em 1875, entre São Paulo, partindo da Estação Júlio Prestes (que então se chamava Estação São Paulo), e a fábrica de ferro Ipanema, localizada no atual município de Iperó, na região de Sorocaba.

Inicialmente, a estrada de ferro foi concebida para o transporte das safras de algodão, mas logo seus dirigentes vislumbraram maior possibilidade de lucro com o transporte de café. Assim, a partir de 1880, a Sorocabana estendeu seus trilhos em direção a Botucatu, para atingir as regiões cafeeiras, indo até Assis, onde ficavam as oficinas da ferrovia.

A via férrea seguiu sua expansão nas décadas seguintes, construindo ramais que serviam a vários municípios do interior paulista. A linha tronco chegou até Presidente Epitácio, às margens do Rio Paraná – seu ponto final –, em 1922.

A Sorocabana pertenceu a vários donos, ao longo do século XX. A partir de 1995, as linhas suburbanas da ferrovia, que ainda hoje transportam passageiros, passaram a ser administradas pela CPTM (Companhia Paulista de Trens Metropolitanos). E, desde 2006, a ALL (América Latina Logística) vem administrando e operando a antiga malha ferroviária da Sorocabana.

Estação Júlio Prestes (antiga Estação São Paulo): ponto de partida da Estrada de Ferro Sorocabana

Residência de Antonio Agu em Osasco, na atual Avenida dos Automistas. Final do século XIX

Na segunda metade do século XIX, várias estradas de ferro são construídas, ligando o interior do estado à capital. A cidade de São Paulo torna-se o ponto de convergência de todas as ferrovias vindas do interior. Uma dessas ferrovias era a Estrada de Ferro Sorocabana, que passava por Osasco, seguindo em direção a Sorocaba. Osasco, naquela época, era um bairro da zona oeste de São Paulo, pertencente à freguesia da Consolação, e era cortado de leste a oeste pela ferrovia, pelo Rio Tietê e pela Estrada de Rodagem Pinheiros-Osasco, que seguiam em cursos quase paralelos.

No final do século XIX, a província de São Paulo começou a receber uma grande massa de imigrantes, em boa parte italianos. A maioria veio para trabalhar nas fazendas de café do interior, mas muitos se fixaram na capital, onde ajudaram a fundar as primeiras indústrias do Brasil. Um desses imigrantes se tornaria o fundador de Osasco.

O fundador

Em 1887, Antonio Agu, imigrante italiano que havia conquistado posses trabalhando como empreiteiro no interior de São Paulo, comprou do português João Pinto Ferreira uma gleba de terra naquele bairro afastado da capital, com cerca de 7 milhões de metros quadrados, na altura do km 16 da ferrovia Sorocabana. O sítio era chamado de "Ilha de São João". As terras se estendiam por onde hoje é a região central de Osasco.

Agu estava disposto a transformar Osasco num polo agrícola e, principalmente, industrial, atraindo investidores da capital paulista. No final do século XIX, São Paulo já contava com uma industrialização incipiente e era uma cidade razoavelmente grande, com cerca de 130 mil habitantes. O italiano mandou plantar culturas diversas – 50 mil videiras e 30 mil pés de frutas de todas as espécies, inclusive uma plantação de 20 mil amoreiras –, além de arrozais e aspargos, que ele vendia ao mercado de São Paulo.

Entretanto, o solo da região de Osasco não era o mais adequado à agricultura. Era composto de argila e areia, e grande parte dele era formada por terrenos alagadiços. Tanto que, alguns anos depois, por volta de 1895, ele teve de mandar plantar 50 mil pés de eucaliptos, numa vasta superfície, a fim de drenar a terra e evitar as enchentes.

Tijolo com as iniciais A.A., produto da olaria de Antonio Agu

Homem de espírito empreendedor, Antonio Agu logo percebeu que a vocação da região não era agrícola, e sim industrial. E estava decidido a ser o pioneiro da industrialização da futura cidade.

A olaria

Quando chegou em Osasco para cuidar do sítio recém-adquirido ao lado da estrada de ferro, Antonio Agu encontrou na região uma atividade artesanal já estabelecida: a fabricação de tijolos. Situada às margens do Rio Tietê, Osasco, com seu solo argiloso, tinha matéria-prima de sobra para as pequenas olarias instaladas na região.

No sítio comprado por Agu havia também uma olaria modesta, com um forno, além de ranchos e algumas casas. Em 1889, ele decidiu ampliar a pequena olaria e chamou Giacomo Fornasari e Antonio Vianco, seu genro, para serem seus sócios. A fábrica passou a produzir tijolos, telhas e ladrilhos.

O batismo de Osasco

Em 1895, Antonio Agu construiu, no km 16 da linha férrea – portanto dentro de suas terras –, uma estação ferroviária que recebeu

Estação Osasco, construída por Antonio Agu, no início de suas operações. Esta estação foi demolida, dando lugar à atual Estação Osasco

Primeiros moradores da Vila Osasco, 1896

o nome de Osasco, em homenagem à sua aldeia natal, na Itália. Consta que os dirigentes da Estrada de Ferro Sorocabana queriam dar o nome de Antonio Agu à estação, em homenagem ao fundador do povoado. Ele recusou, mas, já que queriam homenageá-lo, pediu que a estação recebesse o nome da vila onde tinha nascido. Assim nasceu Osasco – uma estação de alvenaria construída por um imigrante e doada à Estrada de Ferro Sorocabana.

Uma vila italiana

Antonio Agu precisava de mão de obra para seus empreendimentos. Logo que resolveu ampliar a olaria, trouxe amigos e conhecidos italianos para trabalhar com ele. Eram patrícios que passavam necessidades na Itália.

Ao contrário dos imigrantes que vinham para as fazendas de café no interior de São Paulo, os primeiros italianos que chegaram a Osasco tinham a segurança de um emprego e de um lugar para morar, pois Agu lhes vendia lotes a preços baixos e com pagamento facilitado. Além disso, ele próprio, como empreiteiro e dono de uma olaria, construía e financiava as casas para os trabalhadores, que se tornavam proprietários das residências.

Além de mão de obra para as fábricas, a vila recém-criada tinha necessidade de outros serviços, principalmente um comércio local. Depois de trazer todos os amigos e conhecidos que tinha na Itália, Antonio Agu passou a convidar outros imigrantes italianos para integrar a comunidade. Ele ia ao departamento de imigração, em São Paulo, levantava os nomes e endereços das famílias italianas que haviam entrado no Brasil e lhes enviava correspondência, oferecendo lotes de terra em Osasco.

A maioria dos italianos se instalou na futura cidade por meio dessas correspondências, como conta um de seus descendentes, Manuel Fiorita, nascido em Osasco em 1919:

"Meus pais vieram para Osasco provavelmente em 1898, depois de receberem correspondência de um italiano proprietário de terras aqui. Era Antonio Agu. (...) Ao chegarem aqui montaram, na Rua André Rovai [atrás da Estação Osasco], um armazém de secos e molhados. Ficava quase em frente à Igreja Nosso Senhor do Bonfim. Ali se vendia de tudo, desde gêneros alimentícios até roupas e calçados. Havia um produto especial, muito procurado: era o vinho de Tornareccio, importado da Itália. Chegava em tonéis, pela Estrada de Ferro Sorocabana, e nós engarrafávamos ali mesmo, no fundo do armazém, onde muitas vezes eu e meus irmãos tomávamos uma 'esbórnea' (bebedeira)".

A Vila Osasco, assim, se transformava numa vila italiana, uma curiosa mistura entre meio rural e núcleo industrial.

E aqui Dimitri entra na história

O ano era 1898. Antonio Agu já estava em Osasco havia 11 anos e ajudara a transformar o bairro desabitado numa vila com plantações, ruas, fábricas, casas e um comércio incipiente. Já não era mais sócio na fábrica de papelão e na fábrica de tecidos que ajudara a fundar, pois se retirava da sociedade assim que o sócio se encontrava em condições de prosseguir sozinho ou com outros parceiros. Entretanto, ainda administrava sua olaria.

O Brasil passava por uma crise econômica desde 1896 (e que perduraria até 1901), com a queda da exportação do café e a consequente redução de investimentos industriais. Em tempos de crise, a solução é buscar novos produtos e ideias. Embora o mercado de tijolos e telhas fosse promissor na época, com a substituição da taipa de pilão pela alvenaria, Antonio Agu sentia no bolso, como todos os outros empresários brasileiros, os efeitos da crise – a falta de capital de giro, ou seja, dinheiro.

A solução seria arrendar sua olaria a alguém que possuísse dinheiro e tecnologia para investir na fábrica. Agu encontrou a pessoa ideal para o negócio: o engenheiro cerâmico e industrial francês Evariste Sensaud de Lavaud, que trouxe consigo para Osasco, além de recursos e conhecimento para a cerâmica, o filho Dimitri, nosso herói aviador.

A olaria de Antonio Agu, ao lado da antiga Estrada de Ferro Sorocabana: arrendada pelo pai de Dimitri Sensaud de Lavaud, iria se transformar na cerâmica francesa Sensaud de Lavaud & Cia

Antonio Agu

Filho de lavradores, Antonio Giuseppe Agu nasceu na Itália em 25 de outubro de 1845, num povoado chamado Osasco, na região de Piemonte.

Como milhões de outros imigrantes italianos, veio para o Brasil em 1872, em busca de trabalho e de melhores condições de vida, pois a Itália passava por uma crise econômica e social devastadora desde 1870.

Nessa mesma época, as fazendas cafeeiras de São Paulo passaram a utilizar trabalhadores assalariados no lugar de escravos, que, mesmo antes da abolição, em 1888, já andavam escassos por conta da proibição do tráfico negreiro e da Guerra do Paraguai. Além disso, o país enfrentava a falta de mão de obra qualificada para trabalhar na indústria emergente.

Antonio Agu chegou em São Paulo com 27 anos e foi trabalhar na construção da Estrada de Ferro Sorocabana, na cidade de São João do Capivari, interior do estado. Com o dinheiro que poupou durante 14 anos de trabalho, adquiriu terras na altura do km 16 da Estrada de Ferro Sorocabana, numa área então pertencente à capital paulista, onde fundaria a cidade de Osasco e ali passaria o resto de sua vida.

Agu não chegou a testemunhar o voo de Dimitri Sensaud de Lavaud, pois morreu um ano antes, em 25 de janeiro de 1909, de sarcoma cerebral, aos 64 anos. O corpo foi enterrado no Cemitério da Consolação.

Antonio Agu, o fundador de Osasco

Em seu testamento, Antonio Agu deixou expressa a vontade de doar terrenos à comunidade de Osasco, para a construção de um cemitério, uma igreja, uma escola e um mercado. Sua vontade foi cumprida por seus herdeiros.

A Rua Antonio Agu, principal centro comercial de Osasco, tem esse nome em homenagem ao fundador da cidade.

Rua Antonio Agu, 1931

Rua tem o nome do fundador da cidade

Igreja Matriz (1958), construída na atual Avenida Santo Antonio, em terreno doado pelos herdeiros de Antonio Agu. Esta igreja foi demolida nos anos 1960, e, em seu lugar, foi erguida a atual Catedral de Osasco

Antonio Agu (ao centro) ao lado da filha, Primitiva Vianco, e do genro, Antonio Vianco (1887)

Antonio Agu (centro) ao lado do genro, Antonio Vianco (1892)

Outros empreendimentos de Antonio Agu

Escola da fábrica Sturlini & Matarazzo, em 1908. A Sturlini & Matarazzo ficava ao lado do córrego Bussocaba, na Rua Narciso Sturlini – que recebeu esse nome em homenagem ao sócio fundador da fábrica –, num local distante da estação de trem e do centro urbano que aos poucos se formava. Por isso, uma vila operária foi construída em torno da empresa. Essa e outras indústrias que surgiram em Osasco precisavam trazer técnicos de outras regiões, para garantir a produção. Uma das exigências desses especialistas para vir trabalhar na Vila Osasco era a existência de uma escola para seus filhos. Assim, fundou-se a Escola Isolada da Fábrica Sturlini & Matarazzo.

A Cartiera

Três anos depois de ampliar sua olaria, Antonio Agu associou-se ao italiano Narciso Sturlini e implantou uma indústria de cartonagem (*Cartiera*, em italiano) dentro de suas terras, que viria a se tornar a primeira indústria de papelão da América do Sul.

Mais tarde, Agu retirou-se do negócio, e Narciso Sturlini associou-se ao empresário italiano Nicolau Matarazzo. Surgiu, assim, em Osasco, a Indústria de Papel e Papelão Sturlini & Matarazzo.

Foi na oficina de reparos dessa fábrica que Dimitri Sensaud de Lavaud mandou fazer várias das peças de seu avião.

No início da década de 1950, a Sturlini & Matarazzo foi vendida e passou a se chamar Adamas do Brasil S/A. A fábrica funciona até hoje, no mesmo local, numa área de 40 mil metros quadrados.

Vila operária dos funcionários da Sturlini & Matarazzo, na atual Rua Narciso Sturlini (antiga Rua da Cartiera, 1928

A fábrica que virou shopping

Em 1895, Agu, com o sócio Enrico Dell'Acqua, funda a Sociedade de Importação e Exportação Enrico Dell'Acqua, uma das mais importantes fábricas de tecidos de São Paulo, com sede em São Roque e filiais em Osasco e Buenos Aires. A filial de Osasco, construída na atual Rua Antonio Agu (antiga Rua Dell'Acqua), tornou-se, mais tarde, o Cotonifício Beltramo. Após o fechamento da fábrica, o prédio ficou abandonado por muitos anos, vindo a ser demolido na década de 1990, para a construção do Osasco Plaza Shopping.

Fábrica de Tecidos Dell'Acqua, 1906

A construtora

Além de fundador e sócio das primeiras indústrias de Osasco, Antonio Agu também atuou no ramo de construções. Com seu genro, Antonio Vianco, abriu a empresa "Empreiteira e Construtora Antonio Agu e Genro", que, além de erguer casas em Osasco, realizou outras obras importantes, como a construção do Engenho Central de Capivari e do Hospital Matarazzo, em São Paulo, inaugurado em 1903, com o nome de Hospital Umberto I. Um panfleto daquele ano dizia o seguinte sobre Antonio Agu:

> *"Antonio Agu é o construtor do Hospital Umberto I, o inteligente executor do projeto do engenheiro Giulio Mecheli. Homem enérgico e pronto a lutar, encontrou neste país onde veio a desenvolver a sua atividade, estimulada por uma força de vontade incansável, muitos obstáculos e, um a um, os venceu, perdurando nos seus esforços galhardamente. Depois de haver assumido e levado a termo importantes obras ferroviárias em Capivari, e de haver construído lá o conhecido Engenho Central, se estabeleceu em Osasco e se pode dizer que foi o fundador, pois que todas as casas e vilas da amena cidadezinha foram construídas sob sua direção. A fábrica de cerâmica é um belo atestado de sua capacidade. O Hospital Umberto Primo, nas suas linhas severas e harmônicas, permanece como afirmação das atitudes, do engenho e do valor de Antonio Agu".*

Francesco Matarazzo (centro), em frente ao Hospital Matarazzo: Antonio Agu foi o construtor

De vila a uma das maiores cidades do estado

Muro da antiga CIMAF, em 2010: grafites lembram o centenário do primeiro voo, que ocorreu onde hoje está o muro da fábrica, na atual Avenida João Batista

No início do século XX, o povoado de Osasco, que nasceu como uma vila italiana, passou a receber imigrantes de várias partes do mundo – portugueses, espanhóis, armênios, japoneses.

Outras indústrias, além daquelas fundadas por Antonio Agu, surgiram na região no início do século XX, como o Frigorífico Wilson do Brasil S/A (antigo Continental), mas foi somente a partir dos anos 1940 que Osasco realmente começou a prosperar. Três indústrias de grande porte se instalaram praticamente no centro da cidade: a Eternit do Brasil (fábrica de telhas de amianto), a COBRASMA (fábrica de material ferroviário) e CIMAF (indústria de artefatos de ferro) – esta última localizada em frente ao chalé onde morou a família Sensaud de Lavaud e de onde partiu o voo de Dimitri.

A crescente industrialização atraiu mais moradores para o bairro, que triplicou sua população, chegando ao final da década de 1940 com mais de 40 mil habitantes. As necessidades básicas da população, como saúde e educação, no entanto, não eram supridas pela prefeitura de São Paulo.

Autonomistas

Em 1947, surgiu a Sociedade Amigos de Osasco, com o objetivo de reivindicar melhorias. Não demorou muito para que as reivindicações se transformassem numa campanha pela emancipação político-administrativa do bairro. Queriam que Osasco se tornasse um município independente, com suas próprias instituições, como prefeitura e câmara municipal. Outras associações,

jornais e sindicatos uniram-se ao movimento pela emancipação.

Enquanto isso, várias grandes empresas foram se instalando em Osasco, na década de 1950 e início da década de 1960: Moinho Santista, Lonaflex, Bradesco (a sede do banco fica da Cidade de Deus, em Osasco), Osram, Brown Boveri, Ford do Brasil, White Martins, entre outras.

Finalmente, em 1962 – vários conflitos e dois plebiscitos depois –, Osasco tornou-se oficialmente um município, e no dia 19 de fevereiro daquele ano tomaram posse o primeiro prefeito e os 23 primeiros vereadores eleitos.

Osasco cresceu junto com São Paulo e o Brasil, continuando a abrigar grandes empresas e passando a atrair migrantes de todo o país, a exemplo do que ocorreu na cidade de São Paulo. A partir da década de 1990, também como ocorreu na capital, o setor de serviços, principalmente com a abertura de shoppings e hipermercados, passou a competir com a indústria como principal atividade econômica da região.

Em 2010, cem anos após ser palco do primeiro voo do Brasil e da América Latina, Osasco, com quase um milhão de habitantes, figura como um dos maiores municípios do Estado de São Paulo.

Os que lutaram pela autonomia de Osasco ficaram conhecidos como autonomistas, e a principal avenida da cidade (parte da antiga Estrada de Rodagem Pinheiros-Osasco) tem o nome de Avenida dos Autonomistas, em homenagem a eles

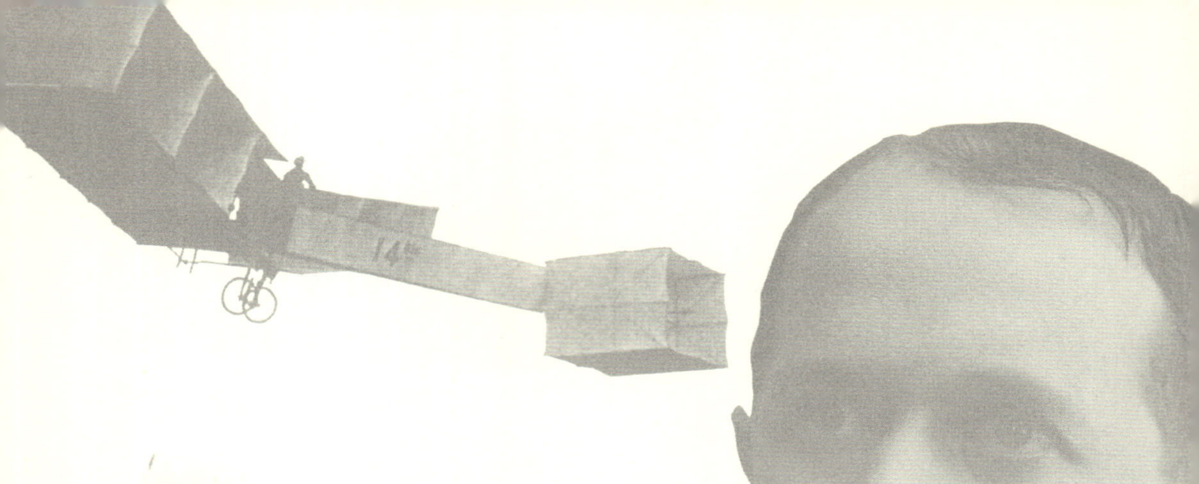

3 Dimitri e a aviação

A família do Barão Sensaud de Lavaud (centro), Antonio Agu e um amigo (à direita), a família Ferré (esquerda) e Dimitri Sensaud de Lavaud (no centro, em pé)

O francês Evariste Sensaud de Lavaud – que aqui ficou conhecido como Barão Sensaud de Lavaud – chegou em Osasco por volta de 1898, com a mulher e o único filho do casal, Dimitri, então um adolescente de 16 anos.

O Barão Sensaud de Lavaud era um fidalgo francês, com título de comendador. Engenheiro cerâmico e filho de industriais em Limoges, terra da cerâmica fina na França, seu fascínio pelo processo cerâmico de construção o tinha levado a vários países, como a Turquia, onde chegou a montar uma cerâmica.

Junto ao Mar Negro e aos Estreitos de Bósforo e Dardanelos, Evariste conheceu muitos russos, entre eles uma jovem de nome Alexandrine Bogdanoff (ou Sacha, como era chamada), com quem se casaria. Sacha era uma mulher sensível, que pintava e tocava instrumentos musicais. Poliglota, talvez pelo fato de ter acompanhado o marido em suas viagens pelo mundo, era a segunda esposa do Barão. Quando se casaram, em 1879, Evariste era viúvo e tinha seis filhos do primeiro casamento – que permaneceram na França, sob os cuidados do pai de Evariste.

No Sport Club Internacional São Paulo: esporte era uma das paixões de Dimitri (no alto, terceiro à direita)

Dimitri nasce na Espanha

Da Turquia, o Barão seguiu para a Espanha, onde fixou residência na cidade de Valladolid. Ali, montou outra cerâmica e iniciou a fabricação de telhas francesas. Em Valladolid, em 18 de setembro de 1882, nasceu o único filho do casal, Dimitri, que recebeu esse nome em homenagem ao avô materno, Dimitri Bogdanoff.

A chegada ao Brasil

Depois da Espanha, o espírito aventureiro e empreendedor de Evariste o trouxe ao Brasil, onde passou residir em São Paulo. Assim que chegou, o Barão começou a procurar um lugar adequado para instalar uma nova cerâmica. Consta que visitou a região de São Roque, interior de São Paulo, chegando até lá de trem,

pela Estrada de Ferro Sorocabana. Na viagem, passou pelas terras de Antonio Agu e avistou a pequena vila italiana que crescia em torno de uma grande olaria.

Na volta de São Roque, parou em Osasco e conheceu Antonio Agu – que acabaria arrendando sua olaria ao francês, em 1898. Assim teve origem a fábrica de cerâmica francesa em Osasco, onde o Barão e a família vieram morar, numa casa que ele mandou construir na atual Rua Primitiva Vianco, próximo à fábrica.

O jovem Dimitri

Autodidata

Embora nascido na Espanha, Dimitri Sensaud de Lavaud se considerava francês, como o pai, e tinha feito os primeiros estudos em escolas na Espanha e na Suíça.

Olaria de Antonio Agu, vista dos fundos, no início do século xx: arrendamento desta fábrica trouxe a família Sensaud de Lavaud para Osasco

Dimitri era um rapaz inteligente e extremamente curioso. Jogava xadrez e futebol, praticava esgrima, equitação e gostava de velejar pelo rio Tietê, de Osasco até São Paulo, em barcos a vela que ele próprio construía, auxiliado por operários da fábrica de seu pai. Segundo histórias contadas por seus familiares, as velas desses barcos eram feitas com colchas de linho bordadas à mão, trazidas da Europa por sua mãe.

Sua maior paixão, porém, era a mecânica. Autodidata, Dimitri desde cedo dedicou-se ao estudo dessa disciplina, por meio de livros técnicos importados da Europa. Passava horas na oficina da fábrica de seu pai, além de outras oficinas em Osasco e São Paulo, fazendo um legítimo curso de engenharia por conta própria.

Casamento

Em 27 de junho de 1903, aos 20 anos, Dimitri casou-se com Berthe Rachou, filha de franceses nascida em Campinas, interior de São Paulo. A jovem, então com 17 anos, tinha saído de uma escola de freiras para se casar. Dimitri e Berthe tiveram três filhos, todos nascidos em São Paulo: Georgette (1904), Robert (que nasceu em Osasco, em 1907) e Gabrielle (1911).

Dimitri e sua esposa, Berthe, em Paris

Dimitri, em foto tirada num estúdio em São Paulo

A casa da Rua Primitiva Vianco

A primeira casa onde a família Sensaud de Lavaud morou em Osasco ficava na Rua Dona Primitiva Vianco, próxima à Estação Osasco. Quando Dimitri se casou, em 1903, o Barão e a esposa mudaram-se para o Chalé Brícola, deixando a casa para o jovem casal.

Ao lado dessa casa, Dimitri mandou construir um velódromo, onde faria alguns testes com o avião que iria construir. O velódromo – o primeiro e único de Osasco – foi utilizado durante muitos anos pela população local, que ali realizava corridas de bicicletas.

Por volta de 1920, quando Dimitri já não estava mais no Brasil, instalou-se na casa a chamada "Escolas Reunidas", que, como diz o nome, reuniu num só lugar as primeiras escolas isoladas de Osasco. Mais tarde, passou a se chamar Grupo Escolar de Osasco, primeira escola estadual da cidade. Em 1949, a escola foi transferida para uma edificação construída especialmente para este fim, o Grupo Escolar Marechal Bittencourt.

No ano seguinte, 1950, a casa, agora de propriedade da família Fuad Auada, passou a sediar a primeira escola particular da cidade, o Ginásio Duque de Caxias. A escola funcionou ali até 1969, quando o imóvel foi demolido para dar lugar ao primeiro shopping center de Osasco, a Galeria Fuad Auada.

Ilustração de José Luiz Alves de Oliveira

Casa onde Dimitri morou com a mulher e os filhos, em Osasco, 1960

Quando veio ao Brasil, em 1904, depois de ter virado celebridade internacional ao circundar a Torre Eiffel num dirigível, Santos-Dumont teve no país uma recepção "estrondosa", segundo a imprensa da época. Só se falava nos dirigíveis, e palavras e expressões ligadas à aeronáutica eram ouvidas em toda parte.

Ao retornar à França, Santos-Dumont orientou suas pesquisas para o aeroplano. Em pouco tempo, o gênio brasileiro deixou os parisienses boquiabertos em duas ocasiões, em 23 de outubro e em 12 de novembro de 1906, ao fazer voar o seu *14-bis*, no que seriam os primeiros voos públicos de um aeroplano. Mas aquele era só o começo da história e, num período de três anos, veríamos feitos cada vez mais importantes no campo da aviação.

Dimitri descobre a aviação

Dimitri tornou-se adulto na primeira década do século XX, quando a aviação se tornara a paixão do momento. Num mundo que se industrializava e testemunhava o surgimento de máquinas cada vez mais engenhosas, objetos voadores eram as máquinas do novo século que muitos queriam desenvolver.

Na adolescência, Dimitri acompanhou com entusiasmo as experiências com balões e dirigíveis em sua terra natal, a França. Um fato deve ter contribuído decisivamente para seu interesse no assunto: as pesquisas mais importantes na área eram conduzidas por um brasileiro, Santos-Dumont.

No dia 13 de janeiro de 1908, Henry Farman, um aviador inglês radicado na França, realizou o primeiro voo certificado por uma comissão externa com um quilômetro de extensão, num circuito fechado. Era um marco, pois ficava demonstrado para os europeus que uma máquina mais pesada que o ar podia não só se levantar no ar, mas também ser manobrada ao sabor de seu ocupante.

Alguns meses depois, no dia 8 de agosto, o americano Wilbur Wright fez a primeira demonstração de seu avião longe dos Estados Unidos. *O Flyer Model A*, como foi chamado, deixou os europeus admirados, por sua incrível capacidade de manobra no ar. Vários quilômetros foram percorridos no ar, e Wilbur dava a impressão de que poderia manter a máquina voando por quanto tempo quisesse. O feito começava a dar credibilidade à alegação de que os irmãos Wright já estavam voando com suas máquinas desde 1903, embora as primeiras demonstrações públicas e certificadas só tenham surgido depois do voo de Santos-Dumont, em 1906.

Finalmente, motivados por um prêmio oferecido pelo jornal britânico *Daily Mail*, aviadores franceses começaram a tentar superar pelo ar o maior dos desafios: o Canal da Mancha, que separa a Inglaterra da Europa continental. Hubert Latham foi o primeiro a tentar, mas caiu no mar durante a travessia (felizmente, sem sofrer qualquer tipo de ferimento). O segundo foi Louis Blériot, que em 25 de julho de 1909 completaria o voo de 37 quilômetros e pousaria na ilha britânica, após partir de Calais, na França. Enquanto analistas cravavam que, para efeito estratégico, a Grã-Bretanha deixava de ser uma ilha, a aviação começava a abrir as portas para a globalização. Ao parabenizar Blériot pela façanha, Santos-Dumont previu que em breve seria o Atlântico o obstáculo transposto pelos aviões.

A ideia

Dimitri se entusiasmou com tudo aquilo e mandou vir da Europa todas as revistas técnicas que divulgavam a novidade. Estudou com afinco os detalhes daquelas incríveis máquinas voadoras e, em fins de 1908, declarou a seu pai: "Vou construir um avião". O velho Barão, mesmo a contragosto, financiou a empreitada. Ainda assim, construir um aeroplano era uma obra gigantesca para a época, com os parcos recursos existentes por aqui.

O banqueiro Giovanni Briccola

As iniciais GB, de Giovanni Briccola, ainda estão na porta de entrada do chalé

Chalé Brícola, no início do século XX

O Chalé Brícola

Alguns anos depois de chegar à Vila Osasco, o Barão Sensaud de Lavaud instalou-se na melhor residência do lugar, um chalé de propriedade do banqueiro Giovanni Briccola (hoje sede do Museu Dimitri Sensaud de Lavaud).

No final do século XIX, Osasco passou a atrair cada vez mais pessoas ligadas ao comércio e à indústria, dispostas a investir no bairro. Uma delas foi Briccola, do Banco de Nápoles, que financiou a instalação de algumas das primeiras indústrias de São Paulo.

Briccola encantou-se com aquela estância aprazível próxima ao Rio Tietê e, por volta de 1890, gastou um bom dinheiro para construir, no alto de uma colina, uma elegante casa de campo. Como residia na capital de São Paulo, o banqueiro poderia frequentar a casa sem maiores problemas. A execução da obra ficou a cargo da construtora do italiano Antonio Agu, fundador de Osasco. O chalé foi construído na atual Avenida dos Autonomistas, de frente para a Avenida João Batista, de onde decolou o avião de Dimitri, em 1910.

Arquitetura

Construído de acordo com a tradição oitocentista de edificações rurais paulistas, o estilo do Chalé Brícola (como ficou conhecido o casarão) lembra a arquitetura do norte da Itália, mais especificamente das regiões alpinas, com telhados bastante inclinados e pontiagudos. Outra característica que lembra aquela região é a inclusão de cômodos nas águas furtadas, comuns em chalés construídos em grandes altitudes, para conter o calor. Por outro lado, o andar térreo tem estrutura de uma casa de fazenda, típica das construções do período cafeeiro paulista.

Parte da casa era revestida de mármore italiano, madeira pinho de riga (ainda existente na escada) e azulejos portugueses. Na varanda e em parte do andar térreo, ainda permanece o revestimento em ladrilho hidráulico, um tipo de piso frio, de tecnologia francesa do século XIX, que foi trazido ao Brasil e fez muito sucesso nas fazendas paulistas.

Para não ter de importar ferro, Antonio Agu fez a estrutura do chalé com trilhos de trem, comprados da Estrada de Ferro Sorocabana. Os trilhos ainda podem ser vistos no teto do porão da casa.

Ilustração de José Luiz Alves de Oliveira

Avenida João Batista, 1920, vista a partir do Largo de Osasco, onde fica a Estação Osasco. O chalé, não visível na foto, foi construído no topo dessa rua, de onde partiu o primeiro voo do Brasil, em 1910

Anos 1960, antes de ser abandonado

Final da década de 1960: casarão deixa de ser habitado e permanece fechado

Início da década de 1970: abandono e depredação

Abandono e restauro

Além de Giovanni Briccola e Sensaud de Lavaud, o Chalé Brícola teve como moradores a família Battiston e a de Júlio de Andrade Silva. Mas a partir de 1968, a casa deixou de ser utilizada como residência.

Em 1974, após um período de completo abandono, em que foi depredado, saqueado e até parcialmente incendiado, o casarão foi desapropriado pela prefeitura, que decidiu instalar ali o Museu Municipal de Osasco. Em 30 de junho de 1976, quando o museu foi inaugurado, o chalé estava completamente restaurado, voltando a ter sua forma original, inclusive com as iniciais de Giovanni Briccola (GB) nas grades de ferro da porta principal.

Em 1974, começa a primeira reforma do imóvel

O Museu de Osasco é inaugurado em 30 de junho de 1976 (esta foto é de 1980)

Museu Dimitri Sensaud de Lavaud

Um ano depois de inaugurado, o museu passou a se chamar, oficialmente, por meio do Decreto 3800, de 29/01/1977, Museu Municipal Dimitri Sensaud de Lavaud, em homenagem ao ilustre morador.

A última reforma, iniciada pela prefeitura em julho de 2007, com apoio do Ministério da Cultura, foi concluída no ano seguinte, e o museu foi reinaugurado em 19 de fevereiro de 2008, data do aniversário de emancipação de Osasco.

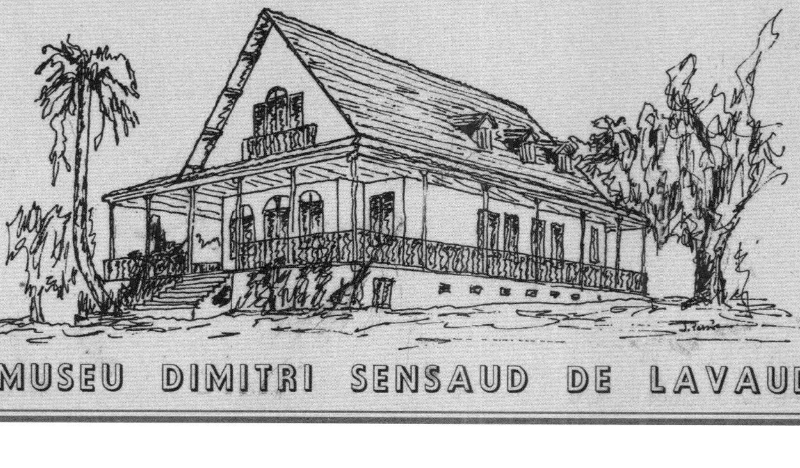

MUSEU DIMITRI SENSAUD DE LAVAUD

Novamente restaurado, o museu reabre em 2008

A fábrica de cerâmica do Barão

A olaria de Antonio Agu transformou-se na Sensaud de Lavaud & Cia (Cerâmica Industrial Francesa) por meio de um contrato de arrendamento – ou seja, o Barão alugaria a olaria de Agu e, após o período de dez anos, a fábrica seria devolvida ao dono, com todas as benfeitorias feitas pelo francês.

Além de tijolos, telhas e ladrilhos, a cerâmica de Lavaud passou a fabricar um tipo especial de granito para calçamento de ruas, além de manilhas (tubos hidráulicos). Os produtos da indústria – que, a partir de 1902, passou a se chamar Companhia Cerâmica Industrial de Osasco – eram

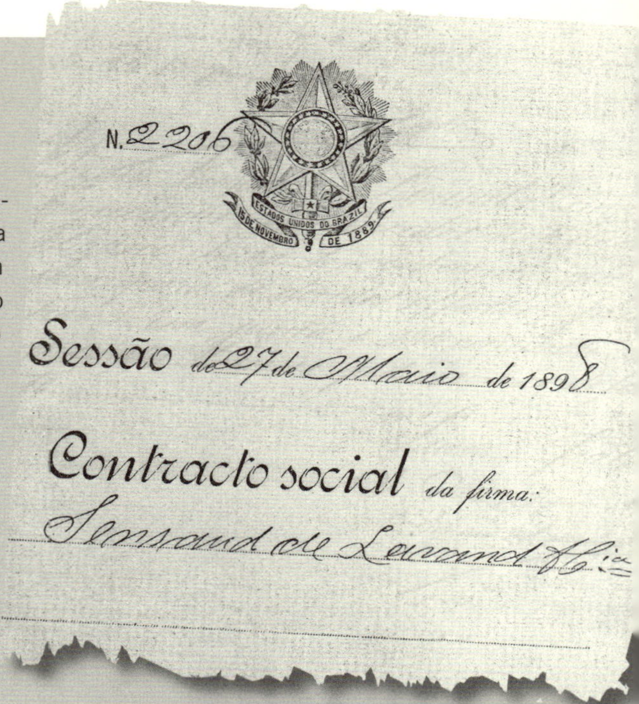
N. 2206

ESTADOS UNIDOS DO BRAZIL
15 DE NOVEMBRO DE 1889

Sessão de 27 de Maio de 1898

Contracto social da firma: Sensaud de Lavaud & Cia

O primeiro contrato entre Antonio Agu e o Barão Sensaud de Lavaud é de 27 de maio de 1898

A indústria cerâmica de Sensaud de Lavaud

fabricados com tecnologia francesa, a mais avançada da época, reconhecidamente de excelente qualidade, concorrendo com os melhores produtos importados.

Na época, havia apenas três grandes indústrias de cerâmica em São Paulo: a de Sensaud de Lavaud, a Companhia Mechanica e Importadora de São Paulo S/A e a Companhia Progresso Paulista. No período entre 1900 e 1912, Osasco ficou conhecida em São Paulo e no Brasil graças à fábrica de cerâmica de Sensaud de Lavaud.

Em 1905, as três empresas se uniram por meio de um contrato industrial e comercial, formando a "União", para fornecer, com exclusividade, manilhas destinadas aos serviços de canalização e esgotos de todo o Estado de São Paulo. A União passou a dominar o mercado de barro vidrado, e seus lucros foram enormes. Em 1908, três anos depois de passar a fazer parte da União, a indústria de Sensaud de Lavaud tinha uma situação financeira estável e confortável, o que possibilitou ao Barão financiar o caro sonho do filho Dimitri de construir, em São Paulo, um avião.

Com a morte de Antonio Agu, em 1909, Sensaud de Lavaud comprou de seus herdeiros todo o complexo industrial arrendado.

Em 1912, a então chamada Companhia Cerâmica foi vendida ao industrial Herman Levy, passando a se chamar Hervy S/A. A partir de 1928, a Hervy implantou a produção de louça sanitária, a primeira indústria do setor da América do Sul. A empresa existe até hoje, mas nos anos 1990 transferiu suas instalações para a cidade de Taubaté, no interior paulista.

Tijolos e telhas, alguns dos produtos da indústria do Barão

Manilhas e tijolo da cerâmica Sensaud de Lavaud

Anúncio da cerâmica francesa

A cerâmica de Sensaud de Lavaud tinha um escritório de vendas na Rua São Bento, em São Paulo. A foto mostra a implantação de trilhos para bondes elétricos na Rua São Bento, esquina com Rua Direita, em 1902

Cerâmica de Sensaud de Lavaud, ao lado da linha férrea. À esquerda, a Estação Osasco

A fábrica, vista de outro ângulo: agora, a Estação Osasco está à direita

O sonho de voar

◁**1898**
Alberto Santos-Dumont desenvolve seu primeiro balão, o *Brasil*

1890

1899
Os irmãos Wright começam a realizar experimentos com pipas, baseados na ideia da torção de asas para controle de voo

1900

1900 △
O primeiro Zeppelin, desenvolvido pelo alemão Ferdinand Graf von Zeppelin

19.out.1901
Alberto Santos-Dumont faz voar seu dirigível nº 6 ao redor da Torre Eiffel e volta ao ponto de partida em 30 minutos, provando a dirigibilidade dos balões

7.out.1903
Samuel Langley tenta fazer voar um avião tripulado, mas sem sucesso. Nova tentativa seria feita em 8 de dezembro, também malograda

20.set.1904
Wilbur Wright faz o primeiro voo de avião em circuito fechado

5.out.1905
Os Wrights fazem um voo de 38,9 km, durante 39 minutos, em Dayton, Ohio (EUA)

1901 1903 1905

◁**17.dez.1903**
Primeiros experimentos bem-sucedidos dos Wright com um aeroplano tripulado e motorizado, na praia de Kitty Hawk (EUA)

14.out.1905
A Federação Aeronáutica Internacional é fundada em Paris

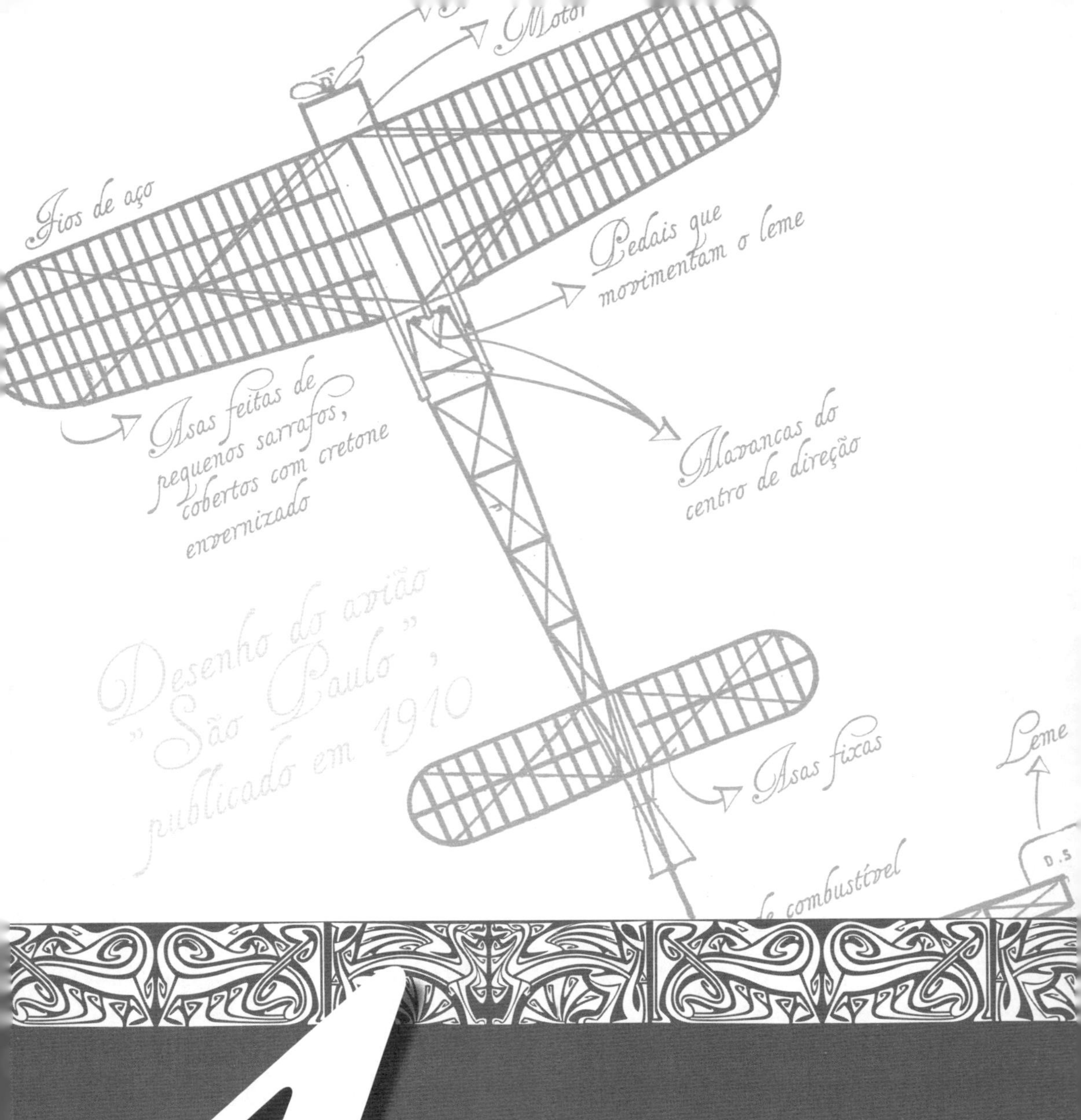

4 Nasce um avião brasileiro

Exemplos de aviões biplanos: 14-bis *de Santos-Dummont (acima) e o* Flyer *dos irmãos Wright (abaixo)*

Criativo, o aspirante a aviador não queria simplesmente reproduzir uma máquina construída lá fora. Dimitri pretendia trazer suas próprias inovações, na esperança de impulsionar ainda mais a evolução da aviação. Papéis cheios de desenhos e cálculos começaram a ser encontrados pelos empregados do chalé da família, espalhados sobre todas as mesas da casa. No início de 1909, algumas definições já existiam. A mais básica era a de que o avião seria um monoplano.

Biplanos e monoplanos

Os monoplanos já faziam parte de uma segunda geração de aeroplanos. A primeira geração, composta pelo Flyer dos Wrights, o *14-bis* de Santos-Dumont e diversos aviões construídos por Gabriel Voisin e Henry Farman entre 1906 e 1908, era de biplanos. A diferença é evidente: enquanto os biplanos usam uma estrutura com duas asas sobrepostas de cada lado do avião, os monoplanos usam apenas uma asa de cada lado.

Controlando um avião em pleno ar

Um aeroplano, quando está no ar, pode se movimentar em três eixos. Dois são mais óbvios: ele pode mudar a direção para onde está apontando horizontalmente (para a esquerda ou para a direita), ou pode mudar a direção verticalmente (para cima ou para baixo). Mas há um terceiro eixo. O avião também pode girar ao redor de si mesmo, inclinando-se.

Os pioneiros europeus da aviação se preocuparam mais em colocar o avião no ar – uma questão de sustentação e potência – do que em controlá-lo de forma eficaz. Eles até incluíram, em seus primeiros esforços, lemes verticais e horizontais, mas deram pouca atenção ao problema do rolamento. Detalhe: sem o controle nos três eixos, o avião não pode ser dominado completamente.

Quem primeiro se preocupou com essa questão foram os irmãos Wright. Eles não só identificaram essa necessidade de controle de rolamento, como desenvolveram o primeiro sistema eficaz de controle nos três eixos da história da aviação. Esse sistema remonta aos experimentos dos irmãos com planadores e teve seu primeiro uso numa máquina motorizada nos voos de dezembro de 1903, na praia de Kitty Hawk, Carolina do Norte (EUA).

Na Europa, quando os primeiros voos começaram a decolar, ficou claro que um sistema parecido seria necessário. Mas os inovadores europeus não usaram a mesma estratégia que os Wrights. Vejam de que maneiras é possível fazer um avião girar sobre seu próprio eixo:

Torção de asas *(wing-warping)* – É o método desenvolvido pelos irmãos Wright para seus biplanos. A ideia era fazer as asas semirrígidas, de maneira que, ao aplicar uma torção de um lado e outra no sentido contrário do outro lado, as asas de um dos lados reduziriam seu ângulo de ataque, enquanto as outras poderiam aumentar seu ângulo de ataque. Essa diferença daria o controle de rolamento.

Ailerons – Não convencidos de que o método pioneiro dos Wright era o melhor possível, os europeus apostaram num método alternativo: o uso de ailerons, pequenas asas auxiliares que teriam como função mudar seu ângulo de ataque seletivamente, para promover o mesmo efeito de rolamento que a torção de asas. O primeiro uso de um dispositivo que lembrava um aileron foi feito por Santos-Dumont, em seu 14-bis, embora de forma ineficaz. Outros aviadores europeus aperfeiçoaram o sistema, que passou logo a ser o mais adotado, pois não comprometia a rigidez das asas e permitia a construção de aeroplanos maiores.

Dimitri e sua alternativa

O inventor radicado no Brasil tentou uma estratégia diferente para seu aeroplano. Enquanto o *Blériot XI* usava torção de asas fixas para promover o controle de rolamento, o projeto brasileiro tentava algo diferente, fugindo tanto dos ailerons como da *wing warping*. A ideia de Dimitri era controlar individualmente o ângulo de ataque de cada uma das asas.

Por meio de duas alavancas, o piloto poderia variar de 2 a 16 graus o ângulo de ataque de cada uma das asas principais. E o movimento das alavancas foi planejado para ser operado de forma intuitiva: se o aeroplano começasse a girar sozinho numa

direção, o corpo do aeronauta naturalmente se inclinava, e uma das alavancas em suas mãos tendia a mudar de posição, restaurando o equilíbrio original. Grosso modo, era como se o manche – dispositivo de pilotagem que ainda não era comum na época – fosse o próprio corpo do piloto, que oscilava e com ele movia as alavancas para controlar o aeroplano nas ações de rolamento.

O mecanismo também servia para dar controle vertical à aeronave: com as duas alavancas numa posição, aumentava o ângulo de ataque das duas asas simultaneamente, e o aeroplano subia. No outro extremo, o ângulo de ataque das asas diminuía, e o avião descia.

Para o controle horizontal, havia um leme localizado na porção traseira da aeronave, que era movimentado por pedais pelo piloto.

A construção de um monoplano exige um domínio mais acurado dos cálculos de sustentação, uma vez que haverá menos área nas asas para manter o avião em voo. Em compensação, o ganho que se tem é na redução do peso do aeroplano, fator muito importante no desempenho das máquinas desenvolvidas nos primórdios da aviação.

O francês Louis Blériot tentou desenvolver um monoplano em janeiro de 1907, mas o design desajeitado e a disposição dos elementos de controle de voo não permitiram mais que uns saltos de cinco metros, antes que o aeroplano se desmanchasse num acidente.

O primeiro monoplano de fato bem-sucedido foi o nº 19 de Santos-Dumont, construído em meados de 1907. Apelidado pelos franceses de *Demoiselle* ("libélula"), o aeroplano foi possivelmente o mais in-

Blériot XI: *avião que inspirou Dimitri*

fluente de toda a história da aviação, embora não tenha voado mais que 200 metros (somente com modificações, em 1909, ele voaria de forma consistente).

Muitas das características do avião moderno, tal qual existe hoje, surgiram com o *Demoiselle*. Foi o primeiro projeto bem-sucedido a tirar o leme da frente e colocá-lo atrás, onde ele está até hoje na imensa maioria dos aviões. Sua extrema delicadeza e baixo peso também deram origem aos modernos ultraleves.

Entretanto, Dimitri estava projetando um avião em 1909, e naquele ano os projetos de Santos-Dumont já não eram tão influentes quanto haviam sido no passado. O inventor radicado no Brasil preferiu seguir um modelo de Blériot, monoplano similar ao que cruzaria o Canal da Mancha naquele mesmo ano.

Adaptações

O aeroplano de Dimitri era baseado no Blériot XI, construído no fim de 1908 e que depois seria aperfeiçoado para permitir a travessia da França à Inglaterra, em meados de 1909. Mas de forma alguma seria uma cópia. O modelo brasileiro teria uma série de inovações.

A maior delas era o fato de que as asas maiores do monoplano seriam móveis, não fixas. O piloto, por meio de alavancas, poderia mudar o ângulo de ataque de uma das asas, o que consistia um importante elemento de controle para o aeroplano em voo.

O avião *São Paulo*

Embora de início o aeroplano só fosse designado pela sigla do nome de seu criador (D.S.L.), Dimitri acabou por batizá-lo *São Paulo*, em homenagem ao Estado brasileiro onde o aparelho foi construído. Conheça alguns dos detalhes do projeto.

O mecânico

Uma vez definidos os detalhes básicos do projeto, Dimitri precisaria de um mecânico que o ajudasse a construir a máquina. Saiu de Osasco e foi à capital paulista em busca de um profissional "eficiente, não muito careiro, para um trabalho que tinha em mente e que

Especificações do *São Paulo*:
Monomotor, monoplano, monoplace.
Estrutura de madeira (pinho e peroba), externamente coberto com tela de cretone envernizada.
Fixadores, eixos e cabos de aço.

Trem de aterrissagem clássico: três rodas de bicicleta, todas do mesmo diâmetro, colocadas duas na frente e a terceira sob a cauda.

Comprimento: 10,2 m

Envergadura das asas principais: 10 m

Peso: 190 kg (sem o piloto)
250 kg (com o piloto)

Hélice frontal de jequitibá: 2,1 m de diâmetro por 30 cm de largura

Capacidade do tanque de gasolina: 25 l

Motor: Nacional, tipo Gnome, 6 cilindros, 28-32 HP

Peso do motor: 25 kg

Velocidade de sustentação: 15 m/s (54 km/h)

Desenho do avião "São Paulo", publicado em 1910

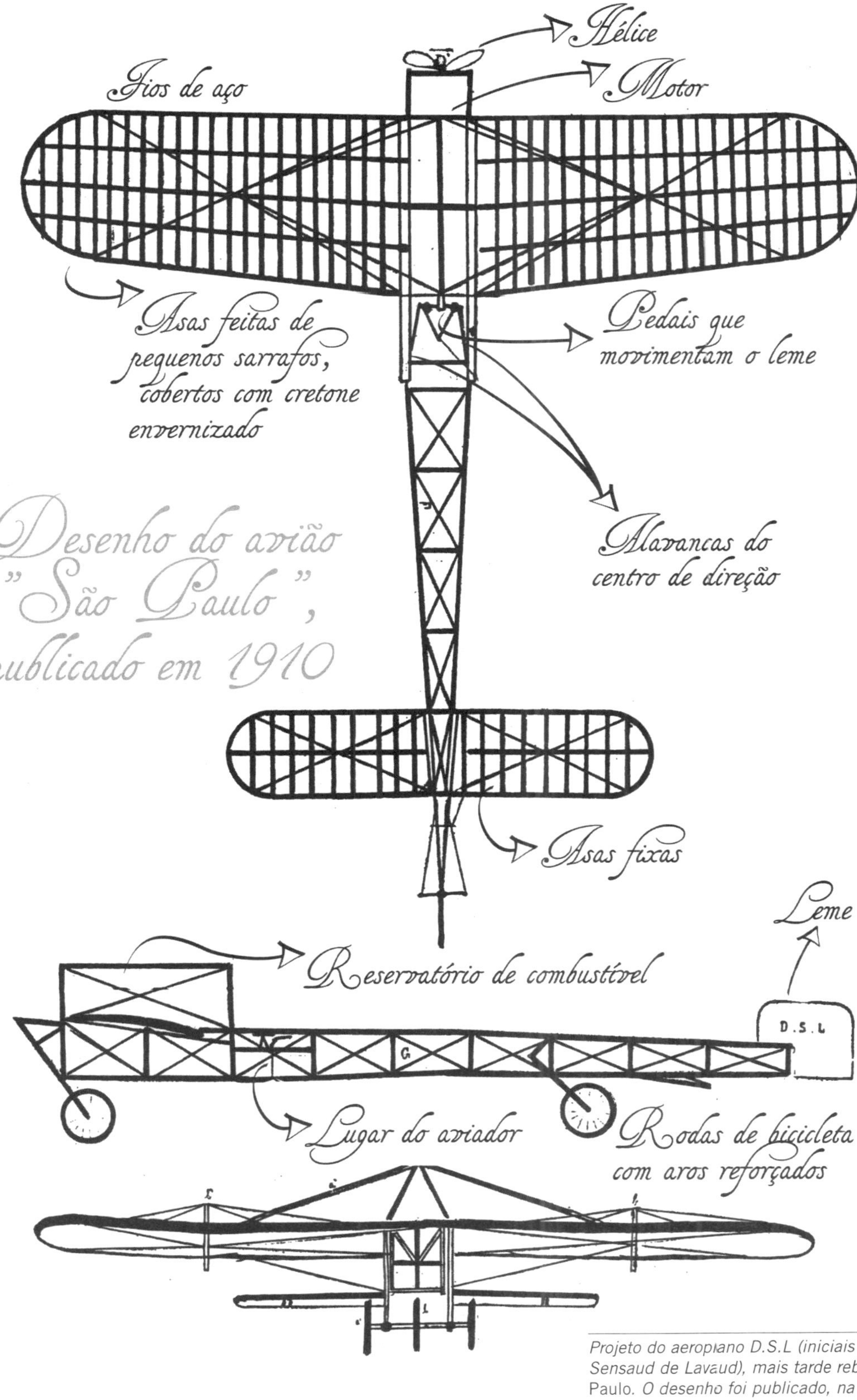

Projeto do aeroplano D.S.L (iniciais de Dimitri Sensaud de Lavaud), mais tarde rebatizado de São Paulo. *O desenho foi publicado, na época, pelo jornal* O Estado de S. Paulo *(as legendas são atuais)*

demandaria mais amor pela mecânica do que pelo dinheiro".

Foi encontrar esse mecânico na Oficina Graig & Martin, a maior de São Paulo na época, localizada em frente à Estação Júlio Prestes. Um dos donos da oficina, o francês Martin, amigo de Dimitri, indicou-lhe Lourenço Pellegatti, um jovem ítalo-brasileiro de 18 anos, recém-formado no Liceu de Artes e Ofícios, que sabia ler desenhos e executava muito bem projetos de mecânica.

Pellegatti ficou tão entusiasmado com o projeto que se comprometeu a ir até Osasco naquele domingo para conhecer os planos. Fez o trajeto de 16 quilômetros de bicicleta e passou quatro dias por lá, deixando aflita sua família, que não sabia de seu paradeiro.

Ansioso por começar, Pellegatti mudou-se para Osasco e, com o auxílio de mais dois mecânicos – Augusto Fonseca e Francisco Kull – começou a trabalhar no aeroplano. Outros funcionários, ligados à empresa do pai de Dimitri, contribuíram na execução do projeto. Numa área ladeada por eucaliptos em frente ao chalé dos pais de Dimitri, iniciam a construção do que seria o primeiro avião brasileiro.

Como patrão, Dimitri era, nas palavras do próprio Pellegatti, "de temperamento esquisito e de personalidade voluntariosa", mas tinha "espírito arguto e observador". Às vezes acordava Pellegatti no meio da madrugada para apresentar a possível solução de um problema que haviam enfrentado durante o dia. E Lourenço não podia reclamar do horário, ou tentar apontar um erro no raciocínio do chefe: Dimitri não gostava muito de ser contrariado e repreendia o jovem mecânico, com forte sotaque francês. Mas depois se desculpava e era capaz de reconhecer um erro, caso ele fosse demonstrado cabalmente pela experimentação.

Lourenço Pellegatti

Lorenzo Pellegatti nasceu na Itália, em 24 de fevereiro de 1891, mas veio para o Brasil ainda criança, aos 8 anos, acompanhado dos pais e de cinco irmãos também menores. Ao chegar em São Paulo, foi registrado com o nome de Lourenço.

Em 1902, matriculou-se no Liceu de Artes e Ofícios Ramos de Azevedo, para aprender a profissão de mecânico e desenho mecânico. Nesse período, nas aulas práticas de tornearia, executou várias peças de acabamento do Teatro Municipal, então em fase de construção, sob a supervisão pessoal do arquiteto e professor Ramos de Azevedo, que havia projetado o teatro.

Aos 18 anos, quando foi contratado por Dimitri Sensaud de Lavaud para a construção do avião *São Paulo*, Pellegatti já era meio-oficial torneiro mecânico, na Oficina Graig & Martin.

As entrevistas que concedeu à imprensa em pelo menos três ocasiões – duas ao jornal

A *Gazeta*, de São Paulo, em 1935 e em 1954, e uma à revista *Realidade*, em 1973 – forneceram grande parte dos detalhes que conhecemos hoje sobre a construção do avião de Dimitri. Numa delas, Pellegatti afirma que a construção desse avião e as primeiras experiências que fizeram em Osasco, em 1909, foram as únicas coisas que ficaram gravadas na sua longa jornada de trabalho.

Pellegatti faleceu em São Paulo, em 24 de junho de 1976, aos 85 anos. Na Lapa, em São Paulo – bairro onde ele manteve oficinas mecânicas por mais de 30 anos – existe uma travessa com seu nome. Uma justa homenagem a quem ajudou a construir o primeiro avião brasileiro.

Lourenço Pellegatti, em duas ocasiões: em 1961 (de óculos), no casamento do filho Laerte, e em 1973, quando foi entrevistado pela revista Realidade

Dimitri (de boina), ao lado do avião São Paulo, *que ainda estava sendo montado. Aqui, o aparelho ainda está sem as asas*

Reprodução de foto publicada no jornal A Gazeta de São *Paulo, em 31 de outubro de 1935. Perto da hélice, segurando uma asa, estão Dimitri (de boina) e o jovem mecânico Lourenço Pellegatti*

Made in Brazil

Todas as peças do aeroplano, inclusive o motor, foram fabricadas em São Paulo, o que mostra a determinação de Dimitri em desenvolver um avião, em vez de simplesmente montá-lo.

Inicialmente, ele pensou em construir o motor na oficina da cerâmica do pai, mas a fabricação de determinadas peças exigia a utilização de tornos delicados e outros equipamentos que não existiam ali. Dimitri, então, recorreu à oficina de reparos da fábrica de papelão Sturlini & Matarazzo, em Osasco. Iniciaram o trabalho de construção das peças, mas, algum tempo depois, por motivos desconhecidos, Dimitri decidiu se transferir para a oficina Graig & Martin, no centro de São Paulo, onde todas as peças do motor foram modeladas e usinadas.

O esqueleto do aeroplano foi feito de sarrafos de pinho e peroba. A estrutura das asas foi construída com cedro, e as asas foram cobertas com cretone envernizado. A hélice foi feita de jequitibá. Todo esse trabalho de madeiramento foi executado nas oficinas de Carlo Remedi, construtor de barcos da Ponte Grande.

Tubos de cobre ligavam o motor ao tanque de combustível (uma mistura de gasolina e óleo), localizado na parte superior ao motor. Somente as partes de aço, que não possuíam fornecedor brasileiro, tiveram de ser importadas. Todo o resto foi projetado e construído por aqui.

O motor Lavaud e a atenção da imprensa

Assim que o projeto começou a tomar forma, cativou a atenção da imprensa nacional, que até então só noticiara eventos aéreos conduzidos no exterior. O jornal que deu maior destaque e cobertura ao trabalho de Dimitri foi *O Estado de S. Paulo.*

Em 3 de outubro de 1909 foi publicada a primeira reportagem sobre o projeto do aeroplano, que os redatores esperavam que tomasse os ares do Parque Antártica (hoje estádio Palestra Itália, do Palmeiras) dali a alguns dias. O texto destaca o esforço de Dimitri, "conhecido engenheiro e sportsman", para desenvolver um motor que fosse uma evolução, com relação aos padrões internacionais. Diz, na reportagem, o *Estadão*:

> "Até agora não se tem conseguido nos motores empregados na Europa menos de um quilo de peso por cavalo de força: assim, um motor de 60 cavalos, seja Banhard, Lerassor, Darrac, Augani, Welseley, etc, não tem menos de 60 quilos de peso. Pois, segundo espera o Sr. Dimitri de Lavaud, o seu motor de 25 cavalos, também de seu invento, com cilindros rotativos, terá 20 quilos de peso, o que representa uma economia de peso de 20 por cento mais que os outros".

Era justamente o motor que tirava o sono de Dimitri na fase final de execução do projeto. No dia 10 de outubro, o *Estadão* volta a reportar sobre os avanços do inventor, noticiando a primeira operação do motor de Lavaud conectado à hélice propulsora.

"De fato, ontem à tarde, o Sr. Dimitri Sensaud de Lavaud, tendo concluído o assentamento do seu motor ao aparelho, em ligação direta com a hélice, fê-lo funcionar, obtendo, como acima dissemos, o mais completo resultado, atingindo 1.800 rotações por minuto. Infelizmente, a exiguidade do campo de que dispõe em Osasco o aeronauta aviador não lhe permitiu constatar os resultados completos do seu aparelho, mas já a esta hora, pelas experiências de ontem, não é licito duvidar que eles atingirão o maior brilho."

Ao que tudo indicava, o problema não estava no campo de provas, mas no motor, que Dimitri e Pellegatti tinham dificuldade em fazer operar por longos períodos de tempo. O projeto chegou a ficar parado mais de um mês por conta disso, mas a dupla não desistiu. E, finalmente, em 3 de janeiro de 1910, Dimitri conseguiu manter o motor em funcionamento por duas horas, sem interrupção. Animado, comunicou a todos: o teste inaugural de seu aeroplano estava marcado para 7 de janeiro de 1910, em Osasco. Mas havia mais gente no Brasil buscando a primazia do primeiro voo.

O ESTADO DE S. PAULO.Domingo, 10 de outubro de 1909

5

A aviação em S. Paulo

Sr. Demitrio Sensaud de Lavaud

O motor «De Lavaud» n. 1 — 3 cylindros 28-32 H. P. — 25 kilos de peso

FALLECIMENTOS

MOVIMENTO ASSOCIATIVO

Revista dos Estados

TRIBUNAES

SPORT

ACTOS OFFICIAES

O Estado de S. Paulo de 3 de outubro de 1910 noticia a ligação do motor à hélice: era grande a expectativa em torno do primeiro voo do Brasil

5 O primeiro voo

Dimitri Sensaud de Lavaud e o avião São Paulo, *1910*

Não era só Dimitri, no Brasil, a acompanhar os avanços da nascente aviação na Europa. Até pela participação ativa de um patrício na história – Alberto Santos-Dumont –, os brasileiros assistiam com entusiasmo às aventuras e desventuras dos primeiros aviadores, graças a relatos publicados em revistas e jornais, além de imagens cinematográficas. Não seria surpresa, portanto, que outros ambicionassem pela glória do primeiro voo em solo nacional. Àquela altura, seria o primeiro voo em toda a América Latina.

O principal concorrente de Dimitri pela primazia no continente era um piloto de automóveis. Gastão de Almeida pretendia voar no Rio de Janeiro com um avião tipo Voisin, importado da França. Quem registra a intenção, ainda em 1909, é Joaquim de Sampaio Ferraz, em seu diário:

"*Começamos montando exposição do aeroplano tipo Voisin, motor Gnome, ao lado do Concerto Avenida. Brevemente o Sr. Gastão de Almeida voará neste aeroplano*".

O livro *História Geral da Aeronáutica Brasileira – Dos primórdios até 1920, Volume 1* traz um relato mais pormenorizado das intenções de Gastão de Almeida, publicado originalmente em janeiro de 1910.

"O intrépido jovem, que ainda há poucos dias bateu o recorde de velocidade automobilística no circuito de São Gonçalo, Gastão de Almeida, tipo de "sportsman" nato, prepara-se para a conquista e novos louros, mas desta vez no ar (...). A aviação na velha Europa está na ordem do dia, e entre os seus propugnadores o nosso Santos-Dumont. Nas fitas cinematográficas já temos assistido aos belos voos de Curtiss, Lefevre, Blériot, Farman, Wright, Paulham e outros. Mas isso é no cinematógrafo.

Pois bem, essas emoções que as fitas nos despertam quer Gastão de Almeida que as tenhamos de verdade, vendo-o pairar por sobre as águas da soberba Guanabara, viajando entre o Pão de Açúcar, o Corcovado,

O comércio de aviões

A iniciativa dos primeiros aviadores bem-sucedidos da Europa foi iniciar uma saudável concorrência comercial para a fabricação de aeroplanos. Entre os mais destacados no setor estava Gabriel Voisin, francês que, embora não tivesse obtido recorde aeronáutico, havia colaborado com diversos célebres inventores na construção de suas máquinas, como Alberto Santos-Dumont e Henry Farman.

O avião Voisin, 1909

Também trilhava esse caminho Louis Blériot, que em 1909 ganharia fama mundial ao fazer a travessia do Canal da Mancha num aeroplano de sua própria fabricação. Naturalmente, ele venderia muitos exemplares iguais depois disso.

Em meio à nascente indústria aeronáutica, duas posições assumiam extremos opostos. De um lado, os irmãos Wright, que não só desejavam fabricar aviões para comercialização, mas também pretendiam impedir, por meio do exercício de uma patente, que outra pessoa fabricasse um aeroplano sem lhes pagar *royalties*.

O "truque" usado pela dupla para tentar bloquear o desenvolvimento não autorizado foi pedir uma patente referente ao conceito de controle de um avião nos três eixos, em vez de limitar o pedido ao seu método em particular. Dessa forma, em tese, todo e qualquer avião que pudesse se mover nos três eixos possíveis estaria violando a patente. Na Europa, ninguém deu crédito a esse esforço legal dos Wrights, mas nos Estados Unidos a confusão atrasou, e muito, o desenvolvimento da aviação. O problema só foi eliminado quando a Justiça americana decidiu suspender os efeitos da patente dos irmãos, para propiciar o rápido desenvolvimento dos aviões quando da entrada daquele país na Primeira Guerra Mundial.

Na outra ponta, estava Alberto Santos-Dumont, que não só não pretendia lucrar com a aviação como declarava a todos que seus inventos eram um presente de si para a humanidade. Para permitir que quem quisesse ter um avião pudesse construí-lo sem dificuldade, Santos-Dumont divulgou publicamente as plantas de seu *Demoiselle*, na revista *Popular Mechanics*.

com escalas pelo Bico do Papagaio e o Dedo de Deus, passando por sobre a Avenida Beira Mar, rasando os altos edifícios da Avenida Central até as Obras do Porto, assombrando as apavoradas gentes do Catumbi e Morro do Pinto, grimpado no seu fantástico pássaro mecânico (...).

Pois vamos lá! Que diabo, se isso aqui é uma terra civilizada, não é demais que Gastão de Almeida com o seu aeroplano faça o que nunca fez o célebre balão Santos-Dumont da Exposição de Higiene, isto é, subir.

Mas o que aqui juramos e rejuramos é que nem amarrados lhe faremos companhia.

Nada, que cá embaixo é sempre mais seguro".

Mas antes que Gastão de Almeida pudesse concretizar seus planos, outro aspirante a aviador, com um invento de sua própria criação, ganharia os céus do Brasil.

7 de janeiro de 1910

A data havia sido comunicada ao jornal *O Estado de S. Paulo*, que, naturalmente, despachou alguém para acompanhar os trabalhos de Dimitri. Se tudo corresse bem, o jornalista teria uma história sensacional para contar na edição do dia seguinte.

A agitação começou cedo nas vizinhanças do chalé, de onde o intrépido inventor pretendia, pela primeira vez, colocar seu aeroplano em voo. Antes das 5 horas da manhã, Dimitri e Pellegatti davam os acertos finais à máquina. Depois do teste bem-sucedido do motor, que funcionou duas horas ininterruptamente no dia 3 daquele mês, a dupla estava confiante de que tudo correria bem.

Fazer um motor leve como aquele funcionar por tanto tempo é um desafio mecânico que não deve ser subestimado. O grande problema é que a máquina tende a superaquecer. Para resolver isso, em solo, basta instalar um sistema de refrigeração com água, que ajuda a dissipar o calor. Mas, para um motor usado em aeroplano, o peso precisava ser o menor possível. Com isso, o uso de água para refrigeração ficava impossibilitado. A solução era projetar a máquina para se refrigerar com o próprio ar. Mas um sistema assim, principalmente com um motor recém-concebido, não costuma funcionar a contento logo de início.

Às 5h45 da manhã, com os primeiros raios da luz do dia, a máquina estava pronta. Uma pequena multidão aguardava a tentativa. Cinco minutos depois, o avião correu no campo improvisado, com Dimitri nos controles. Era basicamente um declive, que ajudou a máquina a ganhar velocidade. Após 70 metros em solo, seu ocupante comandou uma subida. A máquina tirou as rodas do solo, para delírio dos presentes. Tal qual na França, as testemunhas jogavam seus chapéus aos ares, extasiadas.

Tudo aconteceu em apenas seis segundos e dezoito décimos. O *São Paulo* atravessou 103 metros pelo ar, oscilando entre 2 e 4 metros de altura, até voltar a tocar o chão, após uma falha do motor em pleno voo. Aliás, "tocar o chão" aqui é um eufemismo. Sem conseguir controlar a descida, Dimitri causou sérios danos ao avião. O povo correu para socorrer o aeronauta, com medo de que tivesse se ferido. Mas, após fazer história, o jovem inventor não tinha sofrido sequer um arranhão. O mesmo não se poderia dizer de seu aeroplano. Novas tentativas de voo, naquele dia, não seriam possíveis.

O que era um voo de avião?

Hoje, por intuição, sabemos o que é o voo de um avião. Mas nos primórdios da aviação, quando as primeiras máquinas voadoras faziam o que hoje chamaríamos de mero salto, era preciso estabelecer critérios claros.

Quem os estabeleceu foi a Federação Aeronáutica Internacional, fundada em 1905. Já sabedora dos métodos de voo dos Wrights, que haviam feito seus primeiros voos em 1903 com a ajuda dos fortes ventos da praia de Kitty Hawk, na Carolina do Norte (EUA), e a partir de 1904 passaram a adotar um sistema de catapulta para colocar o avião em voo, a FAI decidiu que um voo, para ser devidamente reconhecido, precisava cumprir os seguintes requisitos:

1. O aeroplano devia sair do chão por seus próprios meios, sem a ajuda de instrumentos externos, como catapultas, balões etc.

2. A corrida para a decolagem devia ser feita em local plano, sem ajuda do vento.

3. O aeroplano deveria percorrer pelo menos 100 metros ininterruptos pelo ar, sem tocar o solo.

4. Uma comissão idônea precisaria verificar de forma independente esses requisitos.

Com base nesses critérios, o primeiro recorde de aviação da história fora obtido por Alberto Santos-Dumont, que voou 220 metros em 12 de novembro de 1906 com seu *14-bis*, no campo de Bagatelle, em Paris.

Atualmente, esses critérios fazem pouco sentido: aeroplanos decolam de porta-aviões com a ajuda de catapultas e nem por isso são desclassificados; rotineiramente, nos aeroportos, os aviões partem voltados contra o vento, para facilitar a subida; e ninguém mais fala em voos de 100 metros, exceto em acidentes aéreos.

Fábrica de papelão
Sturlini & Matarazzo
Estrada de rodagem Pinheiros-Osasco
Rua Primitiva Vianco
Vila
Osasco
1910
Residência da Família
Sensaud de Lavaud
Estrada de Ferro Sorocabana
O
S
N
L

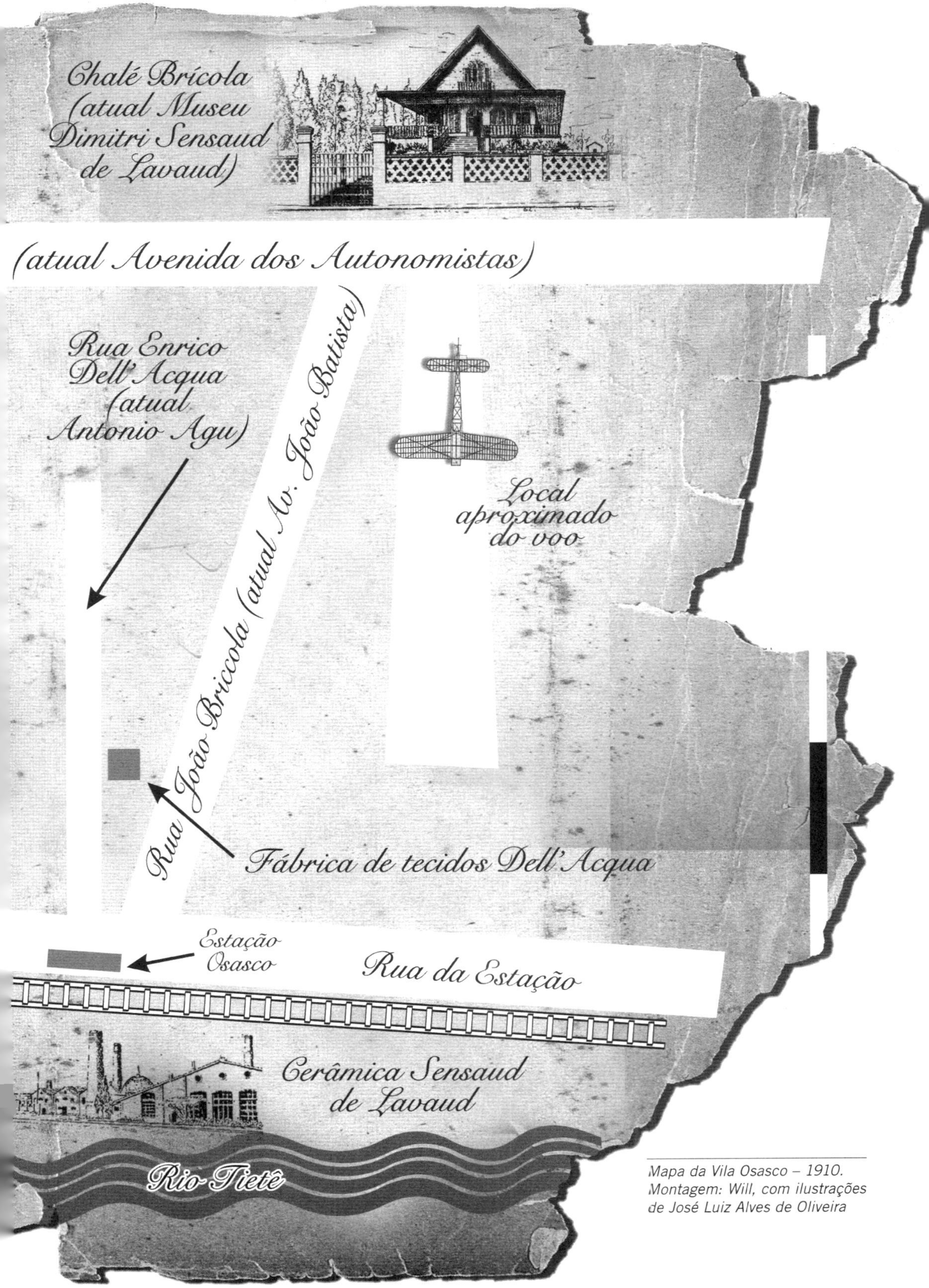

Mapa da Vila Osasco – 1910.
Montagem: Will, com ilustrações de José Luiz Alves de Oliveira

Repercussão

O voo de Dimitri ganhou imenso destaque nos jornais, sobretudo o *Correio Paulistano* e *O Estado de S. Paulo*, principais jornais paulistanos da época.

Apesar da falha do motor e da queda abrupta, Dimitri foi erguido em triunfo. Carregado pela pequena multidão que foi vê-lo voar, teve o avião recolhido de volta ao hangar, onde efetuaria os reparos para posterior exposição no teatro Politeama. Foi entrevistado, fotografado e convidado para festas. Estava inaugurada a aviação brasileira. Mas não seria a última vez que ouviríamos falar de um voo do intrépido inventor.

O Estado de S. Paulo

Até hoje, a cobertura feita pelo jornal *O Estado de S. Paulo* do primeiro voo é a principal referência para o que se deu naquele 7 de janeiro de 1910. Por seu valor histórico, vale a pena darmos uma olhada na reportagem completa publicada pelo jornal no dia seguinte. A grafia foi mantida no original (inclusive os erros), para preservar o sabor da época.

A aviação em S. Paulo

Primeiro Vôo em Aeroplano na América do Sul.
103 metros em 6" e 18 percorridos pelo monoplano "S. Paulo" em Osasco

O sr. Demetrie Sensaud de Lavand, que há alguns meses trabalha na construção de um aeroplano de sua invenção, trabalhos esses que o "Estado" tem acompanhado com o maior interesse, conseguiu hontem afinal, realizar um vôo na extensão de 103 metros em 6"18, numa altura que variou entre dois e quatro metros.

Quem considerar os notáveis progressos que, nestes últimos annos realisou a aviação ao ponto de poder um aeronauta ganhar a taça "Michelin" com um record de duração de mais de 4 horas (Farman) e poder um outro (o conde de Lambert), viajar sobre a cidade de Pariz, contornando a torre Eiffel, um vôo magnífico, que toda uma grande população applaudiu emoccionada, dirá que a "performance" de hontem é, apenas um record de valor puramente local, tanto mais quanto, uma vez solvido o problema, todos aquelles que se entregarem ás iniciativas desse gênero, baseados na applicação da hélice como elemento propulsor de um apparelho mais pezado que o ar, são simples continuadores e não criadores.

A favor do arrojado sportsman que hontem fez o primeiro voo da América do Sul, milita, no entanto ao lado das circunstancias desfavoráveis do nosso acanhado e restrito meio, onde a industria mecanica cria difficuldades de todo o gênero a estas iniciativas, o facto de, tanto na concepção do apparelho, como do motor, ter o sr. Demetrie innumeras criações suas, ás quaes o "Estado" já fez circunstanciada menção em numeros anteriores, sendo ainda de notar que, no apparelho e no motor não ha uma só peça fabricada fora de São Paulo.

Ha mais de um mez que o sr. Demetrie havia interrompido as suas experiências. O motor, pela delicadeza de algumas peças, não funcionava regularmente de forma que se tornou necessaria a substituição dellas.

A aviação em S. Paulo

imeiro vôo em aeroplano na America do Sul. 103 metros em 6" e 18 percorridos pelo monoplano "S. Paulo" em Osasco

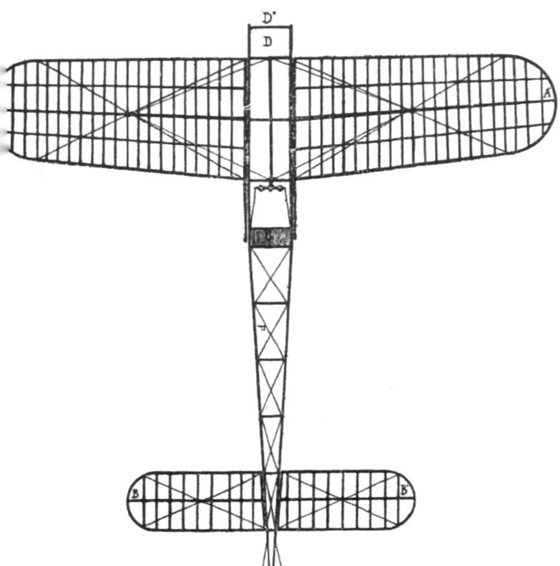

Figura n. 1 — O apparelho visto de cima

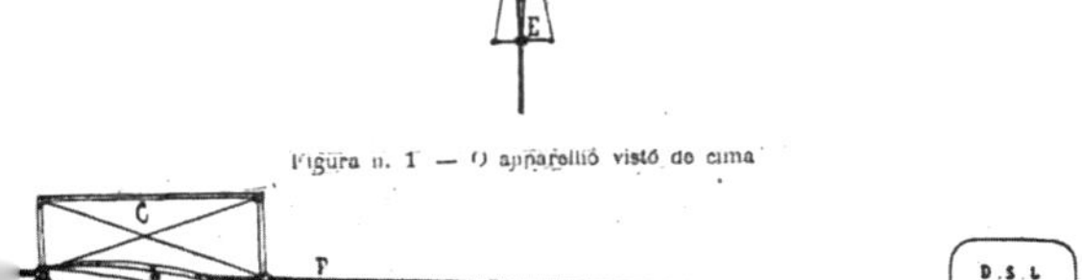

Figura n. 2 — O apparelho "Lavaud", visto de perfil

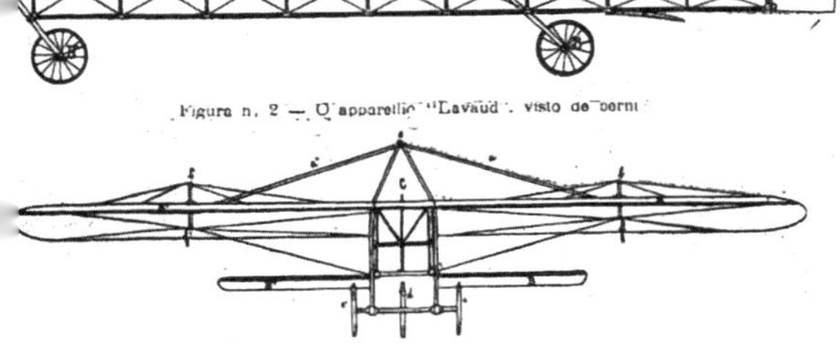

Figura n. 3 — O apparelho visto de frente

Demetrio Sensaud de La- ... ha alguns mezes trabalha ... rucção de um aeroplano de ... ção, trabalhos esses que o ... tem acompanhado com o ... teresse, conseguiu hontem, ... alisar um vôo, na exten- ... 3 metros em 6"18, numa al- ... variou entre dois e quatro

Quem considerar os notaveis progressos que, nestes ultimos annos realisou a aviação ao ponto de poder um aeronauta ganhar a taça «Michelin» com um record de duração de mais de 4 horas (Farman) e poder um outro (o conde de Lambert), viajar sobre a cidade de Pariz, contornando a torre Eiffel, num vôo magnifico, que toda uma grande população applaudiu emocionada, dirá que a «performance» de hontem é, apenas um record de valor puramente local, tanto mais quanto, uma vez solvido o problema, todos aquelles que se entregarem ás iniciativas desse genero, baseados na applicação da helice como elemento propulsor de um apparelho mais pezado que o ar, são simples continuadores e não criadores.

A favor do arrojado sportsman, que hontem fez o primeiro vôo na America do Sul, milita, no entanto, ao lado das circumstancias desfavoraveis do nosso acanhado e restricto meio, onde a industria mechanica cria difficuldades de todo o genero, a estas iniciativas, o facto de, tanto na concepção do apparelho, como do motor, ter o sr. Demetrio innumeras criações suas, ás quaes o «Estado» já fez circumstanciada menção em numeros anteriores, sendo ainda de notar que, no apparelho e no motor não ha uma só peça fabricada fóra de S. Paulo.

Ha mais de um mez que o sr. Demetrio havia interrompido as suas experiencias. O motor, pela delicadeza de algumas peças, não funccionava regularmente, de forma que se tornou necessaria a substituição dellas.

Depois, um longo e paciente trabalho para regular o motor absorveu os dias que se seguiram á substituição das peças dos cylindros.

Afinal, ha quatro dias, o seu funccionamento, ininterrupto, por espaço de 2 horas, levou o sr. de Lavaud a tentar a experiencia de hontem, com exito incontestavel.

A's 5 horas e 20 da manhan, uma ultima experiencia era feita ainda no «hangar», confirmando a regularidade do motor.

A's 5 horas e 45 minutos o elegante apparelho estava prompto para o vôo, numa rampa situada ao lado da residencia do sr. De Lavaud.

Eram 5 horas e 50 quando foi dada marcha ao motor.

Uma grande massa de curiosos, não obstante a hora em que se realisara a experiencia, esperava anciosa a sua partida.

O arrojado aviador, com um sorriso calmo, attendo ao regulador de essencia e á helice que era apenas uma sombra escura á frente do apparelho, com uma rotação provavel de 1.200 voltas por minuto, deu, emfim, o signal para largar o apparelho.

Foi uma descida vertiginosa, numa extensão de 70 metros, ao cabo dos quaes o apparelho, obedecendo ao leme de profundidade, deixou o solo librando-se airosamente no ar.

E dahi a marcha proseguiu admiravelmente, a uma altura variando entre 2 e 4 metros até á distancia de 103 metros, percorrendo em 6" e 18.

Nesse ponto, o motor — o terrivel traidor dos aeronautas, que já proporcionou a Latham um inesperado banho em plena Mancha, pára, de repente e o apparelho cae, bruscamente, amolgando as rodas dianteiras.

Foi, pois, preciso suspender a experiencia, mas já se podendo contar para S. Paulo o «record» do primeiro vôo sul-americano, com apparelho de inteira concepção e fabricação nacional.

Brevemente o sr. Demetrio proseguirá as suas experiencias, sendo provavel que as realise no Hippodromo desta capital.

Do dia 12 do corrente em diante o seu apparelho, agora denominado monoplano «S. Paulo» será exposto no theatro Polytheama desta capital.

— Amanhan, o «Estado» exporá em uma das suas vitrinas o instantaneo do apparelho no ar.

São os seguintes os dados que obtivemos sobre o monoplano «São Paulo».

O apparelho tem a forma de uma libellula com as azas destendidas, approximando-se do typo «Bleriot» com as seguintes differenças: as azas da frente são moveis servindo de leme de profundidade e «gauchissement».

Todos os movimentos do apparelho são determinados por duas alavancas, uma de cada lado do centro de direcção e formando eixo com o sarrafo superior do esqueleto. As azas de traz são fixas.

Estas modificações introduzidas ao apparelho Bleriot são baseadas nos movimentos instinctivos do aviador na direcção e sustentação do apparelho no ar.

Assim, se o apparelho pende para a direita o corpo do aeronauta acompanha este movimento, o braço esquerdo se levanta e a aza desse lado inclina-se de cima para baixo servindo, desta forma, de leme de profundidade. Se o apparelho pende para a esquerda, o equilibrio se restabelece com movimentos contrarios a este.

Mas, as azas dianteiras servem, tambem como acima dissemos de leme.

Numa curva para a esquerda, por exemplo, o aeronauta abaixa a aza esquerda, (servindo de leme de profundidade) e levanta a aza direita, dando, ao mesmo tempo, ao leme (na cauda do apparelho) um movimento rotativo da direita para a esquerda.

A superficie total de amparo é de 22 metros quadrados e a velocidade de sustentação de 15 metros por segundo, ou sejam 54 kilometros á hora.

O esqueleto tem a forma de um fuso, onde estão presas as azas, motor, leme, reservatorio de essencia e oleo, etc.

Comprimento total do esqueleto 10,20 metros por 10,00 de largura, sendo todo construido de madeira nacional.

As azas são feitas de pequenos sarrafos cobertos com uma tela de cretone envernisada, destendida por fios de aço ligados ao meio das mesmas e ao centro do apparelho a uma altura de 75 centimetros.

As azas grandes (as da frente) têm uma superficie de 18 metros quadrados e as pequenas de 4 metros quadrados. Ambas são concavas para baixo, formando um raio de 20.° e dão ao apparelho a fórma de um triangulo com 2.20 de base por 1.80 na extremidade.

O angulo de ataque varia de 2.° a 16.°, constituindo a base de todas as operações do apparelho.

O movimento do leme é dado por meio de dois pedaes situados no centro de direcção (lugar do aeronauta).

A helice, feita de um pedaço inteiriço de jequitibá, bello trabalho do sr. Antonio Demosso, tem um diametro de 2.10 com uma largura de 30 centimetros, e um «passo» de 1,20.

A sua rotação, 1.200 voltas por minuto, exercendo uma tracção sobre o eixo equivalente a 3.000 kilogrammas (força centrifuga).

Todas estas partes essenciaes do monoplano repousam sobre tres rodas reforçadas de bicycleta, munidas de pneumaticos que sustentam 12 kilos por metro quadrado.

Do centro de direcção o aviador faz funccionar todas as partes do apparelho.

O centro de gravidade está a 3 metros e 50 centimetros do centro de tracção e a 40 centimetros do solo e o centro de direcção a 3.80 do centro de gravidade.

A essencia e o oleo estão num mesmo reservatorio de latão que se liga com o motor por meio de tubos de cobre.

Capacidade do reservatorio 25 litros. Peso total do apparelho com o aviador 260 kilos. Apparelho só 190 kilos. Peso da essencia e oleo, 25 kilos. Motor 25 kilos com força de 28-32-H. P.

Como dissemos a velocidade de origem é de 15 metros por segundo com uma accelaração de 2 metros por segundo.

— As gravuras que acima publicamos sobre o esqueleto do aeroplano representam-n'o visto de cima (fig. n. 1) visto de lado fig. n. 2) e visto de frente (fig. n. 3).

Na figura n. 1 as letras A. e A' representam as azas grandes; B. e B' as azas pequenas; C. o centro de direcção; D. e D' motor e helice; E, o leme e F o esqueleto.

Na figura n. 2 vêm-se o esqueleto F, as rodas B. e B' e C. local para o reservatorio de essencia e oleo.

Na figura n. 3 vêm-se as azas grandes, (A. e A'), as pequenas B. e B') o centro de direcção (C.) e os sustentaculos das azas a a', b b'.

O apparelho de Lavaud será exposto no dia 12 no Polytheama.

Para as experiencias officiaes, no Hippodromo, o sr. Lavaud, convidará uma commissão do Automovel Club de São Paulo.

TRIBUNAES

TRIBUNAL DO JURY

Presidente, dr. Vicente de Carvalho.

Promotor publico, dr. Silvio de Campos.

Escrivão, o sr. Evaristo de Paiva Junior.

A' hora regimental, verificando-se a presença de quarenta e um juizes de facto, o sr. presidente declarou aberta a sessão.

Foi annunciado o julgamento do processo intentado contra Luiz Payão da Silveira, cabo do corpo de bombeiros, pronunciado como incurso na sancção do artigo 294, paragrapho segundo, do codigo penal.

Luiz Payão da Silveira era accusado de haver assassinado, com um tiro de revolver, o seu desaffecto Romão Sebastião da Silva.

Deu-se o crime no dia 15 de novembro do anno proximo findo, cerca de seis horas da tarde, á rua Paraná n. 35.

A violenta scena de sangue teve como movel uma questão intima.

A defesa do accusado foi produzida pelo dr. Brasilio Machado.

Fizeram parte do conselho de sentença os jurados srs.: José Gomes Poyares, Arthur Madeira, Benedicto Torquato de Siqueira, Benedicto Antonio de Moraes, coronel Brasilio Ramos de Toledo e Silva, dr. Carlos Luiz Meyer, dr. Erasmo do Amaral, Arlindo Justo da Silva, Affonso Mariano Fagundes, dr. Antonio Veriano Pereira, dr. Pedro Motta e dr. Estevam Augusto de Oliveira.

Houve replica e treplica.

A's quatro horas da tarde, precisamente, recolheu-se o conselho de sentença á sala das deliberações, voltando, uma hora e quinze minutos depois, com o seu «veridictum», pelo qual absolvia o réu, por sete votos.

Mas, havendo uma irregularidade na resposta dos respectivos quesitos, o presidente do jury determinou que os srs. jurados voltassem, novamente, á sala secreta.

Reparada a irregularidade, voltou o jury para a sala das sessões, ás seis horas da tarde, confirmando a sua deliberação anterior, absolvendo Luiz Payão da Silveira, por sete votos, e reconhecendo em seu favor a justificativa da legitima defesa propria.

No plenario, foram inquiridas as testemunhas Antonio Claro, João Trindade, José Manuel Ferreira e Annita Piavotti, sendo as duas primeiras de accusação e as duas ultimas de defesa.

O juiz dr. Vicente de Carvalho, appellou, ex-officio, da decisão do jury para o Tribunal de Justiça.

— Os réus presos Jeronymo Amaro do Espirito Santo, vulgo João Sabará, e Antonio Campopiano, ambos accusados de crime de homicidio, pediram inversão de seus julgamentos.

NOTICIAS FORENSES

Por despacho de hontem, o juiz da primeira vara criminal, dr. Adolpho Mello, pronunciou, como incursos no artigo 303 do codigo penal, os réus Sebastião Mariano Lopes e Maximino de Souza, que, no dia 19 de dezembro findo, ás 7 horas e meia da noite, no bairro da Cachoeira, districto de Sant'Anna, se aggrediram e feriram levemente.

—O mesmo magistrado julgou improcedente, por absoluta falta de provas, a denuncia dada contra Saverio Campelloni, processado por crime de offensas physicas leves.

—Ao dr. Luiz Ayres, juiz da segunda vara criminal, foi hontem impetrada uma ordem de habeas-corpus em favor de Angelina Noal, de 26 annos de edade, que, segundo se allega na petição, se acha presa em um dos postos policiaes desta capital, sem nota de culpa, desde o dia 26 do mez passado.

Está marcada para hoje a apresentação da paciente.

—Sob a presidencia do dr. Pinto de Toledo, juiz da primeira vara commercial, realisa-se hoje á 1 hora da tarde, no Forum Civel, a reunião de credores da massa fallida de Ambrosio Bernardo dos Santos, negociante estabelecido com casa de bebidas á rua Mauá.

—O dr. Basilio da Cunha, primeiro juiz de paz da Consolação, assumiu hontem a jurisdicção do cargo de juiz do mesmo districto, como substituto legal do saudoso terceiro juiz effectivo José Hippolyto da Silva Dutra.

As audiencias deste juiz realisar-se-ão ás segundas-feiras, ás 9 horas da manhan, á rua da Consolação n. 31, ou no dia immediato, ás mesmas horas, quando aquelle dia fôr feriado, ou houver impedimento judicial.

Continuará a exercer as funcções de porteiro do mesmo juizo o official de justiça Carlos Manfredo.

JUIZO FEDERAL

(Primeiro officio — Escrivão Xavier) — O dr. Eduardo Vicente de Azevedo, procurador da Republica, offereceu hontem libello contra o capitão Jovino Francisco do Mello Tavares, ex-thesoureiro da alfandega de Santos, accusado como autor do desfalque de 412:762$60 réis, ultimamente verificado nos cofres daquella repartição aduaneira.

— Deve encerrar-se hoje, ás 2 horas da tarde, o summario de culpa do processo intentado contra o réu Julio de Siqueira Bueno, por crime de passagem de moeda falsa em Conceição dos Guarulhos.

— O juiz federal, dr. Aquino e Castro, mandou hontem, com vista, ao dr. procurador da Republica, para os devidos fins, o officio em que o sr. José Innocencio Alvim Bittencourt e outros moradores á villa Vieira do Piquete reclamam contra o procedimento do ajudante do procurador da Republica, naquelle municipio, o qual se recusa a acceitar o sorteio dos contribuintes, feito pela camara, não querendo tambem proceder ao alistamento de eleitores.

— O sr. A. Jorge de Medeiros prestou hontem, perante o juiz federal, compromisso do cargo de escrivão effectivo de supplente do juiz federal substituto, em Santos.

— A requerimento do sr. José Macedo Soares, realisa-se hoje pela manhan, uma vistoria no predio n. 300 da rua Vergueiro, que passará a ser patrimonio do «Gymnasio Macêdo Soares».

São peritos nessa diligencia os srs. dr. Horacio Costa, coronel Julio de Salles e Bento José Alves Pereira.

(Segundo officio — Escrivão Motta) — O pharmaceutico Luiz Pinto prestou hontem o seu depoimento pessoal na acção em que contendo com a Companhia de Seguros Maritimos e Terrestres «União Commercial dos Varejistas».

— Foi expedido á Delegacia Fiscal um officio precatorio para que seja paga a Machado & Angelo a importancia de 575$585 réis.

Carnet do "Estado"

Fazem hoje annos:

as senhoritas Leopoldina e Tude, filhas do dr. João Coelho Gomes Ribeiro;

a senhorita Maria de Lourdes, filha do dr. Paula Lima, inspector sanitario;

a menina Edith, filha do sr. José Leite de Barros;

a menina Bebé, filha do sr. José Paulino Nogueira Filho;

o sr. Joaquim de Meirelles Pinto;

o sr. Miguel Melillo, negociante e industrial;

o sr. Raul Jayme Vieira;

o sr. Antonio Ferreira de Paula Rodrigues;

o sr. Aluardo Xavier;

o sr. Manuel Corrêa Pereira;

o sr. Thomaz Manger;

o sr. José Eugenio Rossi;

o sr. Pedro Herminio de Freitas, terceiro escripturario da Recebedoria de Rendas da capital;

o sr. José Henrique Jonas;

o menino Waldemar, filho do sr. João Licio Vieira;

o menino Alfredo, filho do negociante sr. Alfredo Braga.

— Festejam hoje as suas bodas de ouro o sr. Frederico Perracini e sua exma. esposa d. Camilla Perracini.

Para assistirem a essa festa chegaram do estrangeiro e do interior do Estado todos os seus filhos.

— Baptisou-se ante-hontem, nesta capital, a menina Helena, filha do sr. major Antonio Baptista da Costa, capitalista e proprietario.

Foram padrinhos o sr. coronel Leonidas de Toledo Ramos e a senhorita Narcisa de Mello, professora normalista, residente na capital.

Assistiram ao acto numerosos parentes da criança e amigos dos mais intimos da familia.

Na confortavel chacara do sr. major Baptista da Costa, após o baptisado, foi servido um lauto jantar, seguindo-se um animado baile, que se prolongou até ao alvorecer de hontem.

— Por motivo de seu anniversario natalicio, o sr. dr. Luiz Antonio dos Santos, director do Instituto de Sciencias e Letras e lente cathedratico do Gymnasio do Estado, recebeu uma significativa demonstração de apreço, por parte de seus alumnos, em sua residencia, á rua Senador Queiroz, 24.

Em nome dos alumnos e alumnas do instituto, falou o sexto-annista Deldúque Garcia que, depois de uma saudação, offereceu-lhe um bello ramilhete de flôres naturaes.

O dr. Luiz Antonio dos Santos, em ligeiras palavras, agradeceu a manifestação dos seus alumnos, recitando tambem uma poesia dedicada aos mesmos.

— Partiu hontem, pelo nocturno, para a Capital Federal, o estudante paulista Mario Barreto Cardoso de Mello, que vae matricular-se na Escola Naval.

— Consorciaram-se ante-hontem, nesta capital, a senhorita Maria da Annunciação Almeida Barros, filha do sr. Carlos de Almeida Barros e d. Eulalia Pinto de Almeida Barros, com o sr. Camillo Pigeard Filho, chefe dos armazens da Companhia Central de Armazens Geraes e irmão do sr. Jacob Guyer, vereador municipal e commissario exportador da praça de Santos.

Serviram de paranymphos, no acto civil, por parte do noivo, o sr. Luiz Guadagni, e da noiva, o sr. dr. Antonio de Queiroz Telles; e no religioso, o sr. Jacob Guyer, por parte do noivo, e o sr. João de Almeida Barros, por parte da noiva.

Após o acto, foi servida uma taça de champagne.

— Realisou-se hontem, nesta capital, o baptisado do interessante menino Hugo, filho do professor Benjamin Medici e de d. Eurydice Machado Medici.

Serviram de paranymphos o coronel Antonio do Carmo Branco e sua exma. esposa sra. d. Celina Branco.

A' noite, houve animada «soirée» dansante na residencia dos padrinhos da criança.

— O sr. Antonio de Arruda Ribeiro e d. Adelina Machado de Arruda, residentes em Santa Barbara, communicam-nos o nascimento do seu filho Celso.

SPORT

TURF

Não ha que ver: á nova directoria do Jockey-Club Paulistano estão reservados dias de successo na sua administração, observada a boa vontade que está pondo em pratica no sentido de animar o nosso turf.

Parece que não lhe vae faltando o apoio dos nossos proprietarios e criadores, cujos esforços, certamente serão recompensados.

Haja vista ao magnifico programma de prompto organisado para a corrida de amanhan e á expectativa em que estamos de uma admiravel exposição este anno dos melhores productos dos nossos «haras», em que se contam esforçados criadores como os srs. dr. Paula Machado & Filho, coronel Juliano Martins de Almeida, coronel Silvano Ferreira Pacheco, José Guathemozin Nogueira, J. Pereira & Irmãos, dr. José de Souza Queiroz, dr. Firmiano de Moraes Pinto, J. S. Quinta Reis e muitos outros.

Aqui felicitamos a directoria da nossa velha sociedade, que não desanimará, decerto, cercada de taes elementos para elevar o nosso turf.

*

O «Grande Premio Internacional», disputado ante-hontem em Montevidéo, foi ganho pelo cavallo argentino Contacto, de quatro annos, por Simonsido e Electrica, montado por Luiz Laborde, com 58 kilos, chegando em segundo Sarah Bernhardt (54 kilos), seguindo-se Kellermann (48 kilos).

O cavallo Soberano do turf fluminense, não obteve collocação.

*

O cavallo Gos e a poldra Yo, importados de França pelo sr. dr. Carlos Browne e encommendados pelo sr. Edmundo Machado, estrearão proximamente nas nossas corridas e serão inscriptos no «Stud Böock» do Jockey-Club Paulistano, o cavallo com o nome Condor e a poldra com o de Maga.

O stud a que pertencem os dois esperançosos parelheiros figurará sob a firma Machado & Comp., adoptando para a sua farda blusa azul celeste e bonet rubi.

O cavallo Gos correu em França sete vezes no anno de 1908 e obteve um primeiro lugar no «Prix Rouzomenil», em Dieppe; dois segundos lugares, um no «Prix d'Avernos», em Moulins, e outro no «Prix La Lorie, em Paris; e um terceiro no «Prix Precy», tambem em Paris.

No anno de 1909 correu seis vezes, tendo obtido: um primeiro lugar no «Prix Montgeron», em Maisons Laffitte; um segundo lugar no «Prix Societé d'Encouragement» e um terceiro lugar no «Prix Jockey-Club», em Lyon.

A poldra Yo, irman de Clamart, do turf fluminense, ainda não tomou parte em corridas.

*

FOOT-BALL

A. A. das Palmeiras

Realisa-se hoje, ás 8 horas da noite, em uma das salas do predio n. 5 da rua 15 de Novembro, a assembléa geral ordinaria da A. A. das Palmeiras, para eleição da nova directoria, prestação de contas e discussão de outros assumptos.

*

TIRO

Tiro Nacional de S. Paulo — N. 3 da Confederação (Cambucy)

Pede-se a todos os socios que compõem a companhia de caçadores, o especial favor de comparecerem, hoje, na séde social, para se deliberar sobre assumpto de grande importancia, o que se relaciona com o progresso desta sociedade.

* Hontem a banda de cornetas exercitou-se nos diversos toques da ordenança.

* Logo que nos sejam entregues as armas Mauzer que nos foram mandadas fornecer e que já foram expedidas pelo departamento da guerra, marcaremos o dia em que a companhia de caçadores irá a Campinas executar um combate simulado nos arredores da cidade.

* São convidados a comparecer hoje na séde, em objecto de serviço, os socios que compõem a banda de cornetas e tambores.

*

Tiro Paulista — N. 35 da Confederação

Realisou-se hontem a sessão de posse da directoria desta patriotica sociedade.

Tomaram posse dos seus cargos os srs.:

Presidente, José Prates; vice-presidente, dr. Eduardo F. Nielsen; thesoureiro, Joaquim Roberto de Azevedo Marques; primeiro secretario, Antonio Procopio Ferraz; segundo secretario, Arthur da Veiga Jardim; director de tiro, tenente dr. Daniel de Souza Ramos; vice director do tiro, Alvaro Loureiro da Cruz; vogaes: Waldomiro Aguiar, dr. Carlos de Moraes Andrade, José de Carvalho Martins, Antonio Caio Pacheco e Chaves e Ernesto Kaopschitz.

Commissão de contas: Francisco Antonio Pereira Borges Junior, dr. João Tibyriçá Netto e dr. Eugenio Lefevre Junior.

Realisa-se domingo a inauguração dos exercicios de tiro, que será feita com um concurso, cujos premios serão 1 medalha de ouro para o primeiro lugar; 1 de ouro para o segundo e 1 de prata para o terceiro.

A inauguração será ao meio-dia, no Stand do Bosque da Saude.

*

PELOTA

Frontão Boa Vista

Está tendo uma acceitação nunca vista o jogo da pelota neste Frontão.

Com casas sempre cheias, realisam-se alli espectaculos que são um verdadeiro primor, relativamente á parte artistica e tambem um passatempo, como não ha egual em São Paulo, para o publico.

A irreprehensivel disciplina e a boa ordem observadas agora pelos pelotaris, são a prova mais cabal da boa orientação que a empresa soube dar a esse bello centro de diversão.

Amanhan, haverá alli um espectaculo encantador, sobresaindo no programma a magistral quiniela de honra a 8 pontos que vae ser disputada pelos melhores artistas.

*

Club Athletico da Pelota

Os amadores do Club Athletico da Pelota preparam para amanhan, domingo, das 7 horas até uma da tarde, um sumptuoso espectaculo sportivo, na «cancha» do Frontão Boa Vista.

Como de costume, obedecerá a um bem elaborado programma, constante de equilibrados partidos e quinielas, e mais uma de honra, a dez «tantos» será o «clou» da funcção de amanhan.

Esta quiniela será disputada pelos amadores do segundo quadro.

Na primeira turma jogarão os seguintes amadores:

Dr. Semana, Antenor, Amandula, Senior, Bacará e Dasi.

Na segunda tomarão parte os seguintes amadores:

Guayanaz, Vianna, Braga, Moreira e Orlando.

Intendente do espectaculo o sr. Angulo.

*

Resultado do dia 6 de janeiro de 1910:

Quin.	Vencedores	Dupl.	Rateio
1	Lorente — Melchor	13	30$400
2	Ascanio — Melchor	16	72$000
3	Lorente — Melchor	15	17$800
4	Manuel — Sanchez	13	30$700
5	Manuel — Barcaiztegui	16	25$100
6	Melchor — Sanchez	12	14$400
7	Manuel — Barcaiztegui	45	47$600
8	Sanchez — Ascanio	15	34$200
9	Manuel — Ascanio	26	73$600
10	Melchor — Sanchez	34	12$900
11	Lorente — Barcaiztegui	15	49$000
12	Sanchez — Melchor	12	11$500
13	Sanchez — Barcaiztegui	56	19$700
14	Sanchez — Melchor	56	14$400
15	Sanchez — Lorente	14	38$900
16	Agustin — Barrenechea	36	23$400
17	Urnieta — Odriozola	13	31$600
18	Urnieta — Zalacain	23	40$500
19	Barrenechea — Odriozola	56	21$000
20	Agustin — Odriozola	24	17$400
21	Agustin — Zalacain	16	33$300
22	Odriozola — Barrenechea	23	24$000
23	Gurruchaga — Barrenechea	26	22$400
24	Zalacain — Agustin	34	20$000
25	Zalacain — Barrenechea	26	32$800
26	Zalacain — Agustin	12	46$000
27	Gurruchaga — Agustin	12	11$700
28	Zalacain — Barrenechea	33	23$500
29	Gurruchaga — Agustin	56	16$500
30	Gurruchaga — Agustin	48	10$100

OMNIBUS

VARIAS INFORMAÇÕES

Movimento religioso:

CULTO CATHOLICO. — Dia 8 de janeiro. — São Severino, apostolo de Norica, Austria, fallecido no anno de 482. S. Pedro Igneo, monge de Valombrosa, eleito bispo de Albano, fallecido em 1087. São Lourenço Justiniano, primeiro patriarcha de Veneza, de 1381 a 1456. Santa Gudula, virgem, padroeira de Bruxellas, fallecida no anno de 712.

— No santuario do Coração de Maria haverá hoje «laus perenne», com exposição do SS. Sacramento, durante todo o dia.

— Dar-se-á amanhan, na egreja de N. S. do Rosario, a festa annual da respectiva oraga com o programma seguinte:

A's 8 horas e meia da manhan, missa conventual com communhão geral a todos que para isso se apresentarem convenientemente preparados.

A's 11 horas do dia será cantada a missa «Sancti Josephi», do padre Brasilius Rower, (O. F. M.). Cantará a missa o conego chantre dr. João Evangelista Pereira de Barros, vigario da parochia de Santa Ephigenia, [illegible] conego José [illegible] de Carvalho e padre [illegible] de Souza Carvalho.

Ao Evangelho occupará a tribuna sagrada [illegible]

A's 7 horas da noite [illegible] sermão pelo [illegible] P. de Barros, sendo cantada a «Ave Maria» de Perosi [illegible] Seguir-se-á solemne «Te-Deum», [illegible] «Jaculatoria» de Nossa Senhora do Rosario. A orchestra será [illegible] professor Carlos Cruz.

— A missa e reunião mensaes da Associação das Mães Christãs, [illegible]

Depois, um longo e paciente trabalho para regular o motor absorveu os dias que se seguiram a substituição das peças dos cylindros.

Afinal ha quatro dias, o seu funcionamento ininterrupto, por espaço de 2 horas, levou o sr. De Lavaud a tentar a experiencia de hontem com exito incontestável.

As 5 horas e 20 da manha, uma ultima experiência era feita ainda no "hangar" confirmando a regularidade do motor.

As 5 horas e 45 minutos o elegante apparelho estava prompto para o vôo, numa rampa situada ao lado da residencia do sr. De Lavaud.

Eram 5 horas e 50 quando foi dada marcha ao motor. Uma grande massa de curiosos, não obstante a hora em que se realisava a experiência, esperava anciosa a sua partida.

O arrojado aviador, com um sorriso calmo, attento ao regulador do apparelho com uma rotação provável de 1200 voltas por minuto, deu, emfim, o signal para largar o apparelho.

Foi uma descida vertiginosa, numa extensão de 70 metros ao cabo dos quaes o apparelho obedecendo ao leme de profundidade, deixou o solo librando-se airosamente no ar.

E dahi a marcha proseguiu admiravelmente, a uma altura variando entre 2 e 4 metros até a distancia de 103 metros, percorrendo em 6" e 18.

Nesse ponto, o motor – o terrivel trahidor dos aeronautas, que já proporcionou a Latham um inesperado banho em plena Mancha, pára, de repente e o apparelho cae, bruscamente, amolgando as rodas dianteiras.

Foi, pois preciso suspender a experiência mas já se podendo contar para São Paulo o "record" do primeiro vôo sul-americano, com apparelho de inteira concepção e fabricação nacional.

Brevemente o sr. Demetrie prosseguirá as suas experiências, sendo provável que as realise no Hippodromo desta capital.

Do dia 12 do corrente em diante o seu apparelho, agora denominado monoplano "São Paulo", será exposto no theatro Polytheama desta capital.

Amanhan, o "Estado" exporá em uma das suas vitrinas o instantâneo do apparelho no ar.

São os seguintes os dados que obtivemos sobre o monoplano "São Paulo".

O apparelho tem a forma de uma libélula com as azas destendidas, approximando-se do tipo "Bleriot" com as seguintes diferenças: as azas da frente são móveis servindo do leme de profundidade e "ganchissement".

Todos os movimentos do apparelho são determinados por duas alavancas, uma de cada lado do centro de direção e formando eixo com o sarrafo superior do esqueleto. As azas de traz são fixas.

Estas modificações introduzidas ao aparelho Bleriot são baseadas nos movimentos instinctivos do aviador na direção e sustentação do apparelho no ar.

Assim, se o apparelho pende para a direita o corpo do aeronauta acompanha este movimento, o braço esquerdo se levanta e a aza desse lado inclina-se de cima para baixo servindo, desta forma, de leme de profundidade. Se o apparelho pende para a esquerda, o equilibro se restabelece com movimentos contrários a este. Mas, as azas dianteiras servem também como acima dissemos no leme.

Numa curva para a esquerda, por exemplo, o aeronauta baixa a aza esquerda, (servindo de leme de profundidade) e levanta a aza direita dando, ao mesmo tempo, o leme (na cauda do apparelho) um movimento rotativo da direita para a esquerda.

A superfície total de amparo é de 22 metros quadrados e a velocidade de sustentação de 15 metros por segundo, ou sejam 54 kilometros á hora.

O esqueleto tem a forma de um fuso, onde estão presas as azas, motor, leme, reservatório de essência e óleo etc...

Comprimento total do esqueleto 10,20 metros por 10,00 de largura, sendo todo construido de madeira nacional.

As azas são feitas de pequenos sarrafos cobertos com uma tela de cretone envernisada, destendida por fios de aço ligados ao meio das mesmas no centro do apparelho a uma altura de 75 centimetros.

As azas grandes (as da frente) tem uma superfície de 18 metros quadrados. Ambas são concavas para baixo, formando um raio de 20°, e dão ao apparelho a forma de um triangulo com 2,20 de base por 1,80 na extremidade.

O ângulo de ataque varia de 2° a 16°, constituindo a base de todas as operações do apparelho.

O movimento do leme é dado por meio de dois pedaes situados no centro de direcção (lugar do aeronauta).

A helice feita de um pedaço inteiriço de jequitibá, bello trabalho do sr. Antonio Demosso, tem um diâmetro de 2,10 com uma largura de 30 centimetros, e um "passo" de 1,20.

A sua rotação, 1.200 voltas por minuto, exercendo uma tracção sobre o eixo equivalente a 3.000 kilogramas (força centrifuga).

Todas as partes essenciaes do monoplano repousam sobre três rodas reforçadas de bicycletas, munidas de pneumaticos que sustentam 12 kilos por metro quadrado.

Do centro de direcção o aviador faz funccionar todas as partes do apparelho.

O centro de gravidade está e 3 metros e 50 centímetros do centro de tracção e a 40 centimetros do solo e o centro de direcção 3,80 do centro de gravidade.

A essencia e o oleo estão num mesmo reservatório de latão que se liga com o motor por meio de tubos de cobre.

Capacidade do reservatório 25 litros. Peso total do apparelho com o aviador 260 kilos. Apparelho só 190 kilos. Peso da essencia e oleo, 25 kilos. Motor 25 kilos com força de 28-32 HP.

Como dissemos a velocidade de origem é de 15 metros por segundo com uma aceleração de 2 metros por segundo.

As gravuras que acima publicamos sobre o esqueleto do aeroplano representam-no visto de cima (fig. No.1), visto de lado (fig. No.2) e visto de frente (fig. No. 3).

Na figura No. 1 as letras A e A' representam as azas grandes; B e B' as azas pequenas; C o centro de direcção; D e D' motor e hélice; E o leme F o esqueleto.

Na figura No. 2 vêm-se o esqueleto F, as rodas B e B' o centro e direcção; D e D' motor e hélice; E o leme e F o esqueleto.

Na figura No. 3 vêm-se as azas grandes (A e A'), as pequenas (B e B'), o centro de direcção (C) e os sustentáculos das azas a a', b b'.

O apparelho de Lavand será exposto no dia 12 no Polytheama.

Para as experiências officiaes no Hippodromo o sr. Lavaud convidará uma comissão do Automóvel Club de São Paulo.

Correio Paulistano

O maior concorrente do jornal *O Estado de S. Paulo*, na época, era o *Correio Paulistano*, primeiro diário de São Paulo, que circulou entre os anos de 1854 e 1963. Leia a transcrição da reportagem do jornal *Correio Paulistano*, de 8 de janeiro de 1910, sobre o voo pioneiro de Dimitri Sensaud de Lavaud.

A aviação em S. Paulo

O aeroplano do Sr. Lavaud – em Osasco – a experiência de hontem

Hontem, em Osasco, quando os operarios alli residentes, e que formam a população do pittoresco suburbio, se dispunham a ir para as suas officinas, foram surprehendidos pelas trepidações de um motor que corria espaço afóra. E os seus olhos maravilhados assistiam por fim ao bello espetaculo que esperavam desde algum tempo.

O caso é que hontem, pela primeira vez na America do Sul, um apparelho mais pesado que o ar conseguiu levantar-se e percorrer mais de 100 metros. Coube a glória dessa iniciativa em nosso meio ao sr. Demetri Sensaud de Lavaud, que, mercê de sua extraordinaria fôrça de vontade, conseguiu afinal realizar o seu arrojado intento.

Sem duvida, com a brilhante demonstração de hontem, o sr. Demetri trouxe um notavel contingente de trabalho efficaz para o aperfeiçoamento dos aeroplanos.

O sr. Demetri consagrou, de preferencia, todos os seus perseverantes esforços no estudo de um dos mais difficeis problemas que se levantam no campo da aviação – o peso do motor. A este respeito o aeroplano do sr. Demetri leva grande vantagem sobre os apparelhos congeneres, e esta superioridade melhor se patenteia pondo-se em parallelo com elle o "Gnôme" – um dos melhores apparelhos de todo o mundo.

Eis a comparação entre os motores Gnôme e De Lavaud n. 1:

Força caval.	**cylin.**	**Porcent.**	**Peso**	
Gnôme . . .	80	5	100-100	60 k.
Gnôme . . .	60	7	110-120	70 k.
De Lavaud	35	6	100-100	38 k.

Como vemos acima, o motor De Lavaud n. 1 é muito mais leve e maneiro do que o Gnôme.

O seu peso corresponde, por cavallo, a 1.085 grammas, e o Gnôme de 80 cavallos a 2.000 grammas, o que vem a ser uma diferença de 915 grammas em cada cavallo.

É patente a superioridade do motor De Lavaud n. 1 sobre todos os outros até hoje existentes. E este facto deve encher-nos de verdadeiro orgulho, porquanto o apparelho aerostatico em questão é genuinamente nacional – todo elle foi construido aqui.

CORREIO PAULISTANO - SABBADO, 8 DE JANEIRO DE 1910

O aeroplano "S. Paulo", do sr. Demetri De Lavaud

A aviação em S. Paulo

O AEROPLANO DO SR. LAVAUD — EM OSASCO — A EXPERIENCIA DE HONTEM

Hontem, em Osasco, quando os operarios alli residentes, e que formam a população do pittoresco suburbio, se dispunham a ir para as suas officinas, foram surprehendidos pelas trepidações de um motor que corria espaço afóra. E os seus olhos maravilhados assistiam por fim ao bello espectaculo que esperavam desde algum tempo.

O caso é que hontem, pela primeira vez na America do Sul, um apparelho mais pesado que o ar conseguiu levantar-se e percorrer mais de 100 metros. Coube a gloria dessa iniciativa em nosso meio ao sr. Demetri Senraud de Lavaud, que, mercê de sua extraordinaria força de vontade, conseguiu afinal realizar o seu arrojado intento.

Sem duvida, com a brilhante demonstração de hontem, o sr. Demetri trouxe um n[illegible]vel contin[illegible]ente de trabalho efficaz para o aperfeiçoamento dos aeroplanos.

O sr. Demetri consagrou, de preferencia, todos os seus perseverantes esforços no estudo de um dos mais difficeis problemas que se levantam no campo da aviação — o peso do motor. A este respeito o aeroplano do sr. Demetri leva grande vantagem sobre os apparelhos congeneres, e esta superioridade melhor se patenteia pondo-se em parallelo com elle o «Gnôme» — um dos melhores apparelhos de todo o mundo.

Eis a comparação entre os motores Gnôme e De Lavaud n. 1:

	Força caval.	cylin.	Porcent	Peso
Gnôme . . .	50	5	100—100	60 k.
Gnôme . . .	60	7	110—120	70 k.
De Lavand n.º 1	35	6	100—100	38 k

Como vemos acima, o motor De Lavaud n. 1, muito mais leve e maneiro do que o Gnôme.

O seu peso corresponde, por cavallo, a 1.085 grammas, e o Gnôme de 30 cavallos a 2.000 grammas, o que vem a ser uma differença de 915 grammas em cada cavallo.

E' patente a superioridade do motor De Lavaud n. 1 sobre todos os outros até ho[illegible]. E' este facto deve [illegible]nos de verdadeiro orgulho, porquanto o apparelho aerostatico em questão é genuinamente nacional — todo elle foi construido aqui.

Esta circumstancia redobra o merito, accentu'a melhor a proficiencia do seu habil constructor que, trabalhando num meio de recursos mecanicos bem escassos, poz mãos á obra cheio de confiança e ardor. Foram seis mezes de trabalho ininterrupto.

Finalmente, hontem, o sr. Demetri viu compensados os seus esforços e, certo, o triumpho obtido lhe fez esquecer a série de aborrecimentos, de contrariedades que teve de soffrer até chegar áquelle brilhante resultado.

Desapparecia aos poucos a densa neblina que os primeiros raios do sol iam dissipando, pondo a descoberto o lindo azul do céo. A natureza despertava e os alegres rumores matutinos quebravam, de espaço a espaço, o doce silencio dos campos em derredor.

O sr. Demetri, ajudado por alguns mecanicos, termina os seus aprestos para a ascensão. O airoso aeroplano é retirado do «hangar» e conduzido para um pequeno estrado de trilhos junto á residencia do intemerato aviador. Dahi a cinco minutos estava tudo prompto para a partida.

Ouvem-se as primeiras detonações do motor.

De todos os lados apparece gente, e o campo logo se enche de curiosos que tiveram a felicidade de assistir áquelle espectaculo. Os operarios de uma grande fabrica alli, deixando os portões das officinas, correram tambem para lá.

Dahi a pouco, o sr. Demetri dava a voz de «larga», e os que seguravam o apparelho se afastaram, deixando livre a bella machina, que partiu veloz em vôo ascencional.

O apparelho deslizou sobre o terreno, numa distancia de 70 metros, e, levantando-se depois a uma altura de 4 metros, percorreu 103. Quando ia ultrapassar esse percurso, o motor parou repentinamente, e devido a este incidente, o apparelho teve uma descida brusca, o que occasionou o estrago de duas rodas.

Acudiram muitas pessoas de todos os lados. Toda aquella gente vinha a correr, cheia de anciedade, pensando ter havido algum desastre, mas, felizmente, logo se desfez esta supposição: perto do apparelho, são e salvo, estava o sr. Demetri, que dava aos circumstantes explicações a respeito do deploravel incidente. Aliás este ligeiro contratempo não impedirá que as experiencias breve recomecem.

Terá o publico paulista, por estes dias, o prazer deste novo esporte. O de[illegible]arranjo da machina é de facil concerto e nos primeiros dias da semana proxima o aeroplano será exposto no theatro Polytheama.

O sr. Demetri pretende subir no seu apparelho no dia 23 do corrente, partindo do Hippodromo.

O distincto aviador, a quem endereçamos nossas felicitações, deu ao seu aeroplano o nome de «S. Paulo», homenageando assim o Estado onde realizou a sua primeira e auspiciosa ascensão.

Esta circumstancia redobra o merito, accentua melhor a proficiencia de seu habil construtor que, trabalhando num meio de recursos mecanicos bem escassos, pôz mãos á obra cheio de confiança e ardor. Foram seis mezes de trabalho ininterrupto.

Finalmente, hontem, o sr. Demetri viu compensados os seus esforços e, certo, o triumpho obtido lhe fez esquecer a série de aborrecimentos, de contrariedades que teve de soffrer até chegar áquelle brilhante resultado.

Desapparecia aos poucos a densa neblina que os primeiros raios de sol iam dissipando, pondo a descoberto o lindo azul do céo. A natureza despertava e os alegres rumores matutinos quebravam, de espaço a espaço, o doce silencio dos campos em derredor.

O sr. Demetri, ajudado por alguns mecanicos, termina os seus aprestos para a ascensão. O airoso aeroplano é retirado do "hangar" e conduzido para um pequeno estrado de trilhos junto á residencia do intemerato aviador. Dahi a cinco minutos estava tudo promto para a partida.

Ouvem-se as primeiras detonações do motor.

De todos os lados apparece gente, e o campo logo se enche de curiosos que tiveram a felicidade de assistir áquelle espectaculo. Os operarios de uma grande fabrica alli, deixando os portões das officinas, correram também para lá.

Dahi a pouco, o sr. Demetri dava a voz de "larga", e os que seguravam o apparelho se afastaram, deixando livre a bella machina, que partiu veloz em voo ascencional.

O apparelho deslizou sobre o terreno, numa distancia de 70 metros, e, levantando-se depois a uma altura de 4 metros, percorreu 103. Quando ia ultrapassar esse percurso, o motor parou repentinamente, e devido a este incidente, o apparelho teve uma descida brusca, o que occasionou o estrago de duas rodas.

Acudiram muitas pessoas de todos os lados. Toda aquella gente vinha a correr, cheia de anciedade, pensando ter havido algum desastre, mas, felizmente, logo se desfez esta supposição: perto do apparelho, são e salvo, estava o sr. Demetri, que dava aos circumstantes explicações a respeito do deploravel incidente. Aliás, este ligeiro contratempo não impedirá que as experiencias breve recomecem.

Terá o público paulista, por estes dias, o prazer deste novo "sport". O desarranjo da machina é de fácil concerto e nos primeiros dias da semana proxima o aeroplano será exposto no theatro Polytheama.

O sr. Demetri pretende subir no seu apparelho no dia 23 do corrente, partindo do Hippodromo.

O distincto aviador, a quem endereçamos nossas felicitações, deu ao seu aeroplano o nome de "S. Paulo", homenageando assim o Estado onde realizou a sua primeira e auspiciosa ascensão.

O Commercio de São Paulo

Outro jornal que noticiou o primeiro voo do Brasil foi *O Commercio de São Paulo*. Abaixo, a transcrição da reportagem, publicada no periódico no dia 8 de janeiro de 1910, que traz alguns detalhes curiosos. O texto informa, por exemplo, que vários "sportsmen" chegaram ao local do voo de automóvel (carros eram raros naquele tempo). Ficamos sabendo, também, que o avião foi batizado de *São Paulo* naquele mesmo dia, durante um jantar oferecido a Dimitri por amigos.

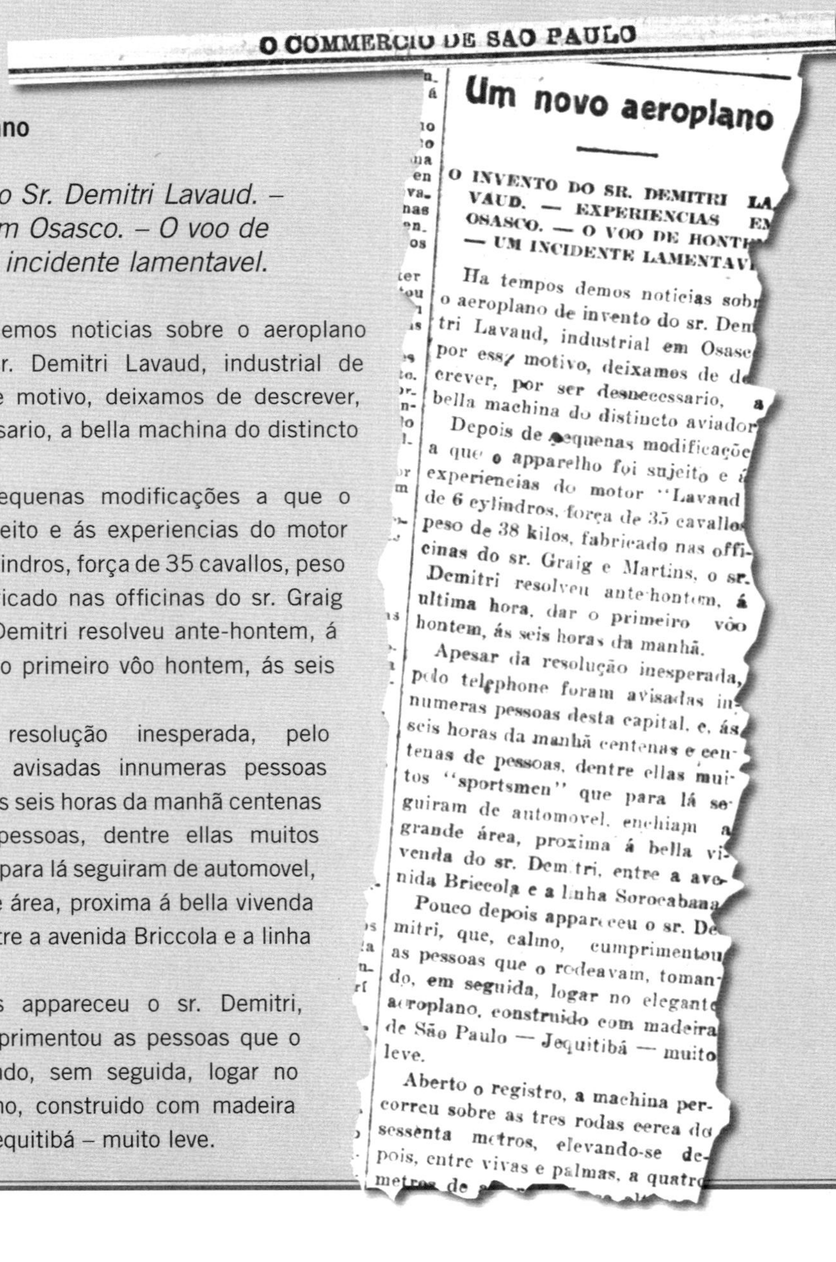

O COMMERCIO DE SAO PAULO

Um novo aeroplano

O INVENTO DO SR. DEMITRI LA-VAUD. — EXPERIENCIAS EM OSASCO. — O VOO DE HONT... — UM INCIDENTE LAMENTAV...

Ha tempos demos noticias sob... o aeroplano de invento do sr. Dem... tri Lavaud, industrial em Osasc... por esse motivo, deixamos de d... crever, por ser desnecessario, a bella machina do distincto aviador.

Depois de pequenas modificaçõe... a que o apparelho foi sujeito e á experiencias do motor "Lavaud" de 6 cylindros, força de 35 cavallos, peso de 38 kilos, fabricado nas officinas do sr. Graig e Martins, o sr. Demitri resolveu ante-hontem, á ultima hora, dar o primeiro vôo hontem, ás seis horas da manhã.

Apesar da resolução inesperada, pelo telephone foram avisadas innumeras pessoas desta capital, e, ás seis horas da manhã centenas e centenas de pessoas, dentre ellas muitos "sportsmen" que para lá seguiram de automovel, enchiam a grande área, proxima á bella vivenda do sr. Demitri, entre a avenida Briccola e a linha Sorocabana.

Pouco depois appareceu o sr. Demitri, que, calmo, cumprimentou as pessoas que o rodeavam, tomando, em seguida, logar no elegante aeroplano, construido com madeira de São Paulo — Jequitibá — muito leve.

Aberto o registro, a machina percorreu sobre as tres rodas cerca de sessenta metros, elevando-se depois, entre vivas e palmas, a quatro metros de ...

Um novo aeroplano

O invento do Sr. Demitri Lavaud. – Experiencias em Osasco. – O voo de hontem. – Um incidente lamentavel.

Há tempos demos noticias sobre o aeroplano de invento do sr. Demitri Lavaud, industrial de Osasco, por esse motivo, deixamos de descrever, por ser desnecessario, a bella machina do distincto aviador.

Depois de pequenas modificações a que o apparelho foi sujeito e ás experiencias do motor "Lavaud" de 6 cylindros, força de 35 cavallos, peso de 38 kilos, fabricado nas officinas do sr. Graig e Martins, o sr. Demitri resolveu ante-hontem, á ultima hora, dar o primeiro vôo hontem, ás seis da manhã.

Apesar da resolução inesperada, pelo telephone foram avisadas innumeras pessoas desta capital, e, ás seis horas da manhã centenas e centenas de pessoas, dentre ellas muitos "sportsmen" que para lá seguiram de automovel, enchiam a grande área, proxima á bella vivenda do sr. Demitri, entre a avenida Briccola e a linha Sorocabana.

Pouco depois appareceu o sr. Demitri, que, calmo, cumprimentou as pessoas que o rodeavam, tomando, sem seguida, logar no elegante aeroplano, construido com madeira de São Paulo – Jequitibá – muito leve.

Aberto o registro, a machina percorreu sobre as tres rodas cerca de sessenta metros, elevando-se depois, entre vivas e palmas, a quatro metros de altura. Nessa altura, o aviador deu um magnifico vôo de 150 metros, percorrido com uma velocidade espantosa.

De subito, porém, deu-se um incidente lamentavel: partiu um piston do motor e a machina caiu pesadamente ao chão, despedaçando-se, na quéda, uma das rodas.

O aviador, felizmente, nada soffreu.

Por esse motivo, foram suspensas as experiencias, que, aliás, deram excellente resultado, sendo o sr, Lavaud calorosamente victoriado e felicitado.

Em poucos dias a machina será reparada e, a 23 do corrente, provavelmente, o distincto aviador fará novas experiências no Hippodromo.

As pessoas entendidas na materia, examinando o apparelho, acharam-no perfeitissimo, considerando-o melhor que muitos até agora inventados, pois o motor "Lavaud" é o mais leve dos conhecidos até hoje em relação á força, pois é de 35 cavallos e pesa 38 kilos.

Á noite, um grupo de amigos offereceu um jantar ao sr. Demitri, e, nessa reunião, ficou o aeroplano baptisado com o nome de "São Paulo I".

O "São Paulo I" será brevemente exposto no Polytheama.

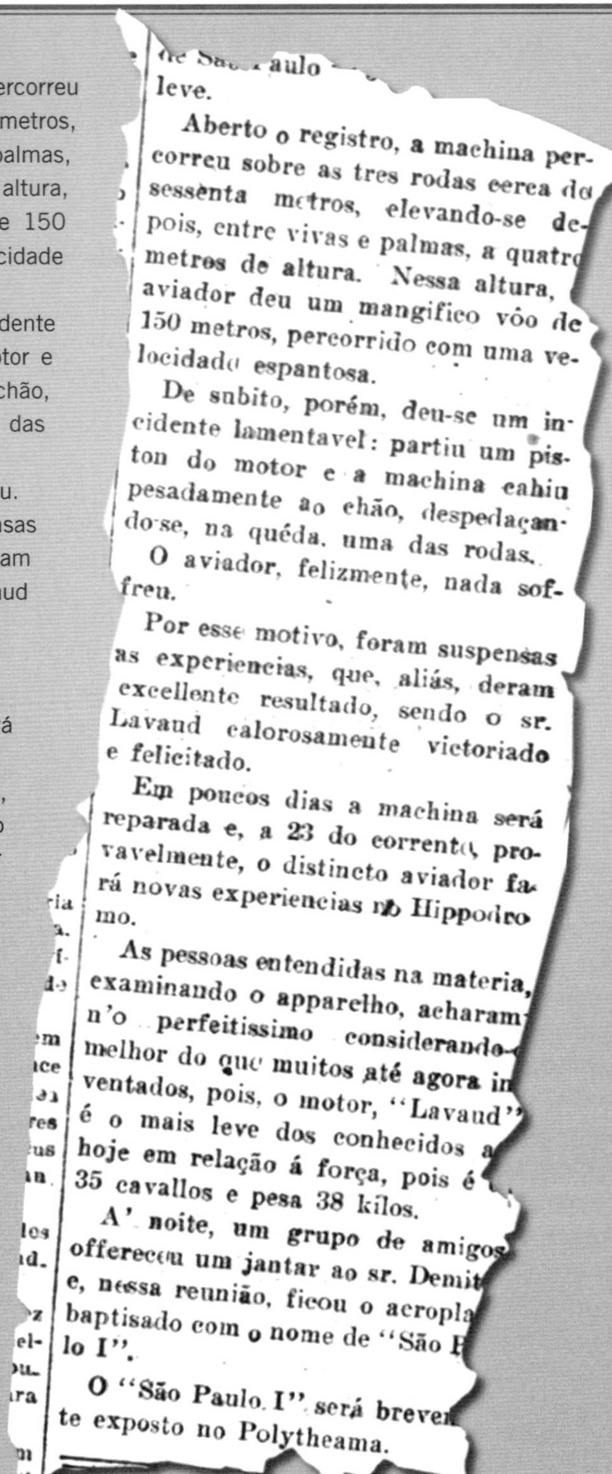

leve.

Aberto o registro, a machina percorreu sobre as tres rodas cerca de sessenta metros, elevando-se depois, entre vivas e palmas, a quatr metros de altura. Nessa altura, aviador deu um mangifico vôo de 150 metros, percorrido com uma velocidade espantosa.

De subito, porém, deu-se um incidente lamentavel: partiu um piston do motor e a machina cahiu pesadamente ao chão, despedaçando-se, na quéda, uma das rodas.

O aviador, felizmente, nada soffreu.

Por esse motivo, foram suspensas as experiencias, que, aliás, deram excellente resultado, sendo o sr. Lavaud calorosamente victoriado e felicitado.

Em poucos dias a machina será reparada e, a 23 do corrente, provavelmente, o distincto aviador fará novas experiencias no Hippodromo.

As pessoas entendidas na materia, examinando o apparelho, acharam n'o perfeitissimo considerando-o melhor do que muitos até agora inventados, pois, o motor, "Lavaud" é o mais leve dos conhecidos hoje em relação á força, pois é 35 cavallos e pesa 38 kilos.

A' noite, um grupo de amigos offereceu um jantar ao sr. Demit e, nessa reunião, ficou o aeropla baptisado com o nome de "São P lo I".

O "São Paulo I" será breve te exposto no Polytheama.

Testemunhas da História

Na edição de 4 de janeiro de 1963, a Gazeta de Osasco publicou uma matéria sobre o voo pioneiro de Dimitri em Osasco. O jornal entrevistou alguns antigos moradores que tinham testemunhado o evento histórico. Eram operários da indústria cerâmica do Barão, pai do aviador, pessoas simples que jamais tinham visto algo parecido. Eis o relato.

"O negócio foi assim: o Dimitri vinha trabalhando há uns três meses naquela geringonça que parecia um gafanhotão, que quando funcionava aquele motor dentro da fábrica fazia um barulhão, uma ventania, parecia que ia arrebentar tudo. É lógico que a gente saía de perto, só ficavam os quatro [Dimitri e os mecânicos]. Depois de muitas experiências, de consertos e mudanças, o bicho ficou pronto para voar. A gente não acreditava e diziam que o Dimitri era louco e ia se arrebentar. Era de madrugada, arrastamos o bicho lá no alto do morro, ali onde hoje está a fábrica de Fósforos Granada [fábrica que havia ao lado do chalé, em 1963], no cruzamento da Avenida João Batista e Estrada de Itu [atual Avenida dos Autonomistas]. Foi carpida uma pista de uns 50 metros e tirado todo o capim do caminho, e o campo de pouso era lá embaixo, na várzea onde está hoje a Cobrasma [antiga fábrica de materiais ferroviários de Osasco], um brejo cheio de capim. O Dimitri subiu na nacele, o Pellegatti foi virar a hélice para o motor funcionar e nós ficamos segurando na cauda. Quando o motor funcionou, foi uma poeira nos olhos e uma ventania, e ele gritou 'larga'; quando nós abrimos os olhos, ele estava a uns 4 metros do chão e foi cair a uns 100 metros. Nós todos saímos correndo, pulando aos gritos, 'ele voou, ele voou!'. Quando chegamos todos lá embaixo, estava ainda sentado na nacele e o aparelho de rodas amolgadas, mas Dimitri, emocionado e muito corado, sorria vitorioso, como um verdadeiro pioneiro da conquista do espaço."

Praça Antonio Prado, 1911. A Casa Martinico abrigou a sede do jornal O Estado de S. Paulo, *entre 1906 e 1929*

Casa Martinico, esquina com Rua João Brícola (nome aportuguesado do italiano Giovanni Briccola, construtor do chalé onde morou a família Sensaud de Lavaud, hoje Museu Municipal de Osasco Dimitri Sensaud de Lavaud). À direita, prédio que abrigava o Correio Paulistano *(que circulou entre 1854 e 1963), outro grande jornal da época a acompanhar os feitos de Dimitri Sensaud de Lavaud*

O teatro Politeama

Logo depois do primeiro voo do dia 7 de janeiro, o avião *São Paulo* ficou exposto por três dias no teatro Politeama (ou "Polytheama", na grafia da época), na Avenida São João, no centro da capital paulista. O teatro, construído em 1892, oferecia todo tipo de diversão a seus frequentadores – cafés-concerto, espetáculos circenses, produções de todos os gêneros de grandes companhias estrangeiras.

Construído originalmente para ser um circo, o prédio tinha nos fundos, na Rua Formosa, uma porta de serviço bem maior, por onde entravam os grandes cenários – e por onde certamente entrou o aparelho de Dimitri.

O *São Paulo* ficou armado na plateia do teatro, suspenso por cabos presos no teto, de modo que o público pudesse apreciá-lo de todos os ângulos. Após a noite de estreia, só para convidados, a exposição foi aberta ao público, que pagava 2 mil réis de ingresso para ver o primeiro avião brasileiro.

O Politeama foi palco dos melhores espetáculos que marcaram culturalmente a cidade. A partir dele, o Vale do Anhangabaú tornou-se o centro da vida noturna da Pauliceia. Foi nos palcos do Politeama que a grande atriz Sarah Bernhardt, em outubro de 1905, faria a sua última apresentação em palcos paulistanos.

O teatro foi destruído num incêndio, em 1914.

Os jornais deram destaque à exposição do aparelho de Dimitri no Politeama.

Correio Paulistano (13 de janeiro de 1910)

Perante grande número de cavalheiros e de representantes da imprensa, foi ontem inaugurada, no Politeama, a exposição do aeroplano "São Paulo", *do Sr. Dimitri Sensaud de Lavaud. Entre os presentes estava o Sr. Gastão de Almeida, que domingo próximo fará uma ascensão no seu aeroplano* "Rio Branco". *Gastão de Almeida acompanhou com interesse a longa exposição feita pelo Sr. Dimitri Sensaud de Lavaud, sobre seu aparelho. Em seguida, o Sr. Lavaud ofereceu uma taça de champanhe aos presentes, sendo nesta ocasião muito felicitado.*

O sonho de voar

◁23.out.1906
Santos-Dumont faz um voo de 60 metros com seu avião *14-bis*; é a primeira demonstração pública de um avião

1907
Santos-Dumont projeta o *Demoiselle*, primeiro avião funcional com a configuração moderna, com os lemes atrás

8.ago.1908
Os irmãos Wright fazem suas primeiras demonstrações na França e chocam os aviadores locais pelo sucesso de sua máquina

1906 1907 1908

12.nov.1906
O *14-bis*, pilotado por Santos-Dumont, obtém o primeiro recorde oficial da aviação, um voo de 220 metros

13.jan.1908
Henry Farman faz o primeiro voo de 1 km em circuito fechado na Europa

△17.set.1908
O primeiro acidente fatal de um avião mata o tenente Thomas Selfridge, que acompanhava Orville Wright num teste para o exército americano

A entrada do Politeama, segunda porta à direita, ao lado do Cassino Paulista, na Rua São João (futura avenida), por volta de 1902

Diário Popular **(13 de janeiro de 1910)**

Realizou-se ontem, no Teatro Politeama, a inauguração da exposição do aeroplano São Paulo, *invenção e construção do Sr. Sensaud de Lavaud. O aparelho, cuja elegância de formas desperta admiração e curiosidade, é digno de ser visitado, já pela novidade, já por um atestado do nosso progresso industrial, pois tudo foi construído aqui. A exposição, ontem, esteve muito concorrida, e o Sr. Lavaud ofereceu aos seus convidados uma taça de champanhe.*

19.jul.1909
Hubert Latham tenta cruzar o Canal da Mancha num avião, mas fracassa

10.out.1909
Jornal *O Estado de S. Paulo* publica matéria sobre o motor Lavaud, projetado e construído por Dimitri para seu avião

1910
Os Wrights desenvolvem seu primeiro avião com a configuração moderna, tendo os lemes atrás. Santos-Dumont abandona a aviação e vende seu *Demoiselle* a Roland Garros

1927
O americano Charles Lindbergh faz a primeira travessia sem paradas entre a Europa e a América, no avião *Spirit of St. Louis*

1909 1910 1920 1930

25.jul.1909
Louis Blériot atravessa com sucesso o Canal da Mancha, saindo de Calais, na França, e pousando em Northfall Meadow, na Inglaterra

7.jan.1910▷
Dimitri Sensaud de Lavaud realiza o primeiro voo do Brasil, em Osasco

6 Novos voos

Dimitri seguiu experimentando com a aviação após seu voo pioneiro em 7 de janeiro de 1910. Apenas uma semana após sua primeira decolagem bem-sucedida, o aviador foi convidado a fazer nova apresentação pública com o mesmo aeroplano, no Hipódromo da Mooca, em São Paulo.

A apresentação dos aviadores no hipódromo foi um evento concorrido. No dia 19 de janeiro de 1910, após pagar ingressos que variavam entre mil e 10 mil réis, o público aguardava ansioso para ver os aviadores em ação. A raia tinha cerca de 300 metros de extensão e 20 de largura. Num mastro, bandeiras içadas orientavam os espectadores quanto à disposição dos pilotos de levantar voo ou não: bandeira branca, o aviador vai voar; bandeira branca e vermelha, o aviador aguarda o vento amainar; bandeira vermelha, os ventos são superiores a 8 metros por segundo, e isto impossibilita o voo.

O Hipódromo da Mooca, inaugurado em 1876, realizou corridas de cavalos até 1940, quando o Jockey Club foi transferido para a sede atual, na Cidade Jardim. Foi do prado da Mooca que o aviador Edu Chaves decolou para o primeiro voo entre São Paulo e Rio de Janeiro, em 1914, perfazendo o percurso em 6 horas e meia. O antigo hipódromo, que ficava na Rua Bresser, não existe mais: foi totalmente demolido. No local, hoje, funciona a subprefeitura da Mooca

Desta vez, entretanto, uma pane no motor impediu que o *São Paulo* alçasse voo. A glória, na ocasião, recaiu sobre seu concorrente pelo primeiro voo brasileiro, Gastão de Almeida, que fez voar seu biplano *Rio Branco* (o mesmo modelo Voisin que ele havia adquirido no ano anterior) por uma distância de cerca de 300 metros, também numa altura que oscilava entre 2 e 4 metros. (Gastão ainda tentaria outros voos depois desse, mas acabaria por vender o avião a Pedro Avignon, que por sua vez o deu a seu filho Juventino, que destruiria completamente o aparelho ao tentar fazê-lo voar.)

No Parque Antárctica, o último voo

A falha do motor do *São Paulo* apenas uma semana após seu voo inaugural não impediu Dimitri de continuar apaixonado pelo tema – e experimentando. Como só se praticava o esporte da aviação durante o verão (a aviação, em seus primórdios, era considerada apenas um esporte), ele teria de esperar até o ano seguinte para tentar um novo voo.

Dimitri continuou aperfeiçoando e testando sua máquina, seja em solo, seja com tentativas de voo. O jornal *Correio Paulistano*, em sua edição de 19 de fevereiro de 1911, diz que "o Sr. Sensaud tem realizado em Osasco várias experiências com seu monoplano, obtendo pleno sucesso". A mesma reportagem informa que Dimitri mostrou ao jornal várias fotografias desses voos em Osasco, "pelas quais se vê o aparelho pairando a grande altura".

Essa fase de experimentação com o *São Paulo*, entretanto, não trouxe feitos expressivos e, por conta disso, o registro histórico é escasso. O que se sabe é que, em menos de um ano desde seu primeiro voo, Dimitri compraria um segundo aeroplano. Em dezembro de 1910, num evento realizado pelo recém-fundado Aero Club de São Paulo, o piloto italiano Giulio Piccolo morreria por conta de um acidente aéreo, e o avião *Blériot* que lhe pertencia acabou sendo comprado por Dimitri, que prosseguiu com ele seus experimentos.

Com esse aparelho, ele faria o primeiro e último voo público, desta vez sobre o Parque Antárctica (local em que hoje está localizado o estádio do Palmeiras, em São Paulo), em 19 de fevereiro de 1911. A expectativa era grande, conforme noticiou o jornal *O Comércio de São Paulo*: "No Parque Antárctica, o intrépido aviador francês Sensaud realiza hoje, num belo monoplano tipo Blériot, seu primeiro voo em São Paulo, que nos círculos esportivos se espera com o mais vivo interesse". O público também acorreu ao "aprazível logradouro da Água Branca" para assistir ao "sensacional espetáculo". A Light, empresa que administrava os bondes elétricos na cidade, prometeu até fazer correr desde cedo bondes especiais para o local. Mas as manobras de Dimitri no ar culminaram com um "pouso forçado" (para não dizer colisão contra um pequeno morro).

A foto supostamente mostra um dos voos realizados por Dimitri em Osasco, no decorrer do ano de 1910. Dimitri de fato registrou seus voos em fotografias, mas, embora esta imagem tenha sido reproduzida exaustivamente em jornais osasquenses ao longo do século xx, não foi possível confirmar sua autenticidade

A culpa, porém, não foi do piloto, mas do local inadequado, conforme noticiaram os jornais, no dia seguinte. "O que se passou ontem no Parque Antárctica", escreveu o *Correio Paulistano*, "vem provar mais uma vez que São Paulo, à exceção do hipódromo, não possui lugar com a amplitude necessária para um simples ensaio da aviação. (...) Voar em lugares como esse, impróprios para os grandes desenvolvimentos da aviação, é uma temeridade, como o demonstraram o desgraçado fim de Piccolo e o incidente de ontem com o Sr. Lavaud. De nada valem a perfeição e a segurança dos aparelhos e a competência e o sangue-frio dos pilotos, desde que encontrem no campo em que têm de agir obstáculos de difícil remoção".

Um dos relatos mais detalhados do último voo de Dimitri foi do jornal O Comércio de São Paulo:

Ontem, desde cedo, o povo começou a afluir pelos inúmeros bondes da Light ao pitoresco logradouro da Água Branca, onde o aviador francês Sensaud de Lavaud anunciava seu primeiro voo em São Paulo. Isto é, o primeiro voo público, pois que muitos outros ele realizou, faz algum tempo, nos campos de Osasco, com um aparelho modelo Blériot a que foi adaptado um motor genuinamente paulista, cujos planos e cuja construção foram dirigidos pessoalmente pelo jovem aviador.

O aparelho de ontem, tipo igual ao daquele de Osasco, foi trazido recentemente da Europa pelo desditoso Giulio Piccolo, que com ele teve uma tão horrorosa morte. Devidamente consertado, o monoplano Blériot, aparelho de um belíssimo efeito, ia agora servir para os voos de Sensaud, e nada fazia prever que não fossem coroadas de pleno sucesso as horas de aviação que iam passar no Antárctica.

O tempo não estava de todo mau – apenas um pouquinho de vento mais do que seria de se desejar – e o povo, que já conhece dessas coisas desde que Ruggerone lhe veio proporcionar algumas noções de aviação, às duas horas já se acumulava pelas dependências do Parque Antárctica, notando-se, principalmente nas arquibancadas, uma tão numerosa quão seleta assistência.

A esse tempo estava hasteada num dos ângulos do hangar a bandeira alvi-rubra, significando que o aviador esperava amainar o vento para elevar-se aos ares. De fato, o vento que soprava, embora não fosse muito forte, poderia motivar qualquer insucesso, tanto mais que vinha do lado justamente de onde menos favorável seria para o início do voo.

Mais ou menos às três horas o aparelho foi retirado do barracão e levado para um dos extremos do ground, onde, enquanto esperava ocasião mais propícia, foram ultimados os preparativos da ascensão. O povo estava impaciente. Agitava-se por toda a parte, sem que todavia manifestasse estar zangado com a demora. Mas poderia ficar zangado, e Sensaud, desejoso de não dar motivos para isso, ordenou que em lugar da bandeira alvi-rubra fosse hasteada a bandeira branca – o aviador vai subir. A esse sinal, todos se puseram atentos, para não perder nenhuma das peripécias da ascensão.

Sensaud subiu para o "pilot-placés" e deu ordem para que fosse posta a hélice em movimento. Houve um estardalhaço medonho, do meio do qual o aviador ergueu o braço direito, como sinal para os que seguravam a cauda do aparelho largassem, e o monoplano correu garridamente sobre o gramado uma distância de cinquenta metros e foi subindo aos poucos, caminhando com rapidez vertiginosa para o bambual que limita as dependências do parque, ao lado direito das arquibancadas nobres.

Todos ansiaram: da maneira como o aparelho singrava o espaço, Sensaud ia ser vítima de um desastre, o monoplano ia, com certeza, dar de encontro ao bambual, para esfacelar-se completamente!

Todos ansiavam, mas o aviador, com extraordinária perícia e admirável sangue-frio, quando apenas faltavam dois metros para cair no emaranhado de bambus, fez o aparelho subir, mas quase verticalmente, sem que uma só peça tocasse nas mais culminantes folhas do bambual ameaçador.

Os aplausos reboaram uníssonos de todo o lado, ao passo que Sensaud e sua máquina desapareceram além das fronteiras do parque.

Mas, coisa esquisita: os mecânicos que se achavam no ground propriamente, nesse instante, corriam precipitados na direção que segundos antes o aeronauta havia atravessado com fantástica velocidade. Que havia? E o povo, eterno curioso, começou a correr também e teve o desgosto de ver, no terreno montanhoso que existe atrás das arquibancadas do parque, o aparelho estendido e gravemente avariado. Sensaud, que apenas teve uma insignificante luxação do pé, que nem mesmo o proibia de andar sem manear, foi logo rodeado por mecânicos e curiosos.

– Que houve? – perguntaram quase todos.

– O motor fez um "ratat" e a máquina caiu (fazer um ratat é a mesma coisa que "dar uma rata", com diferença apenas de sujeito).

Mas Sensaud explicou-nos logo: o motor, por um desarranjo imprevisto, depois de haver transposto o bambual, susteve de repente o movimento, fazendo com que o aparelho descesse, tocando o solo. Se o terreno ali fosse bom, nada sucederia, pois o motor, tendo recomeçado a funcionar, faria elevar-se outra vez o aparelho e o voo prosseguiria com sucesso. Mas, ao contrário, o terreno ali é montanhoso, o monoplano apenas o tocou e foi de encontro a um montão, onde se danificou consideravelmente.

No choque, sofreu todo o aparelho, mas os estragos, muito embora alguns graves, dentro de poucos dias serão reparados, e provavelmente na próxima sexta-feira, feriado nacional, Sensaud terá ocasião de merecer os aplausos do público sem que incidente nenhum os interrompa.

O público, entretanto, não mais veria a perícia do arrojado aviador. Ciente dos riscos que aqueles experimentos lhe proporcionavam e pressionado por Berthe, sua esposa, este seria o último voo público de Dimitri. Após esses ensaios, ele vendeu seus aeroplanos e abandonou em definitivo a aviação.

Entrada do Parque Antárctica, na Avenida Água Branca, em 1908

Dimitri, o inventor

Tendo prometido à esposa não se arriscar mais na aviação, Dimitri voltou aos estudos da mecânica, particularmente para uma descoberta que havia feito dois anos antes – e que o deixaria milionário.

Segundo relato do mecânico Lourenço Pellegatti, e confirmado por familiares e contemporâneos de Dimitri, num domingo de fins de 1909, ele foi à oficina Gray & Martin para tornear uma peça quebrada do motor do *São Paulo*. Enquanto trabalhava, o mancal da transmissão de polias que movimentava o torno fundiu, impedindo a continuação do serviço. Num momento de raiva, Dimitri urinou sobre o metal derretido, e a transmissão se restabeleceu.

Ao desmontar o mancal, ele reparou, com surpresa, que o metal fundido, após girar e esfriar no torno, tinha se tornado uma peça só, em formato de tubo. Como Dimitri trabalhava com o pai na fabricação de tubos, teve uma ideia que iria revolucionar a produção desse material, que já era usado havia séculos, mas obtido de forma muito mais cara e ineficiente. Agora, seria possível fabricá-lo pela primeira vez em larga escala.

Dimitri deixa o Brasil

Entretanto, para que isso acontecesse, o inventor teria de transformar aquele princípio demonstrado experimentalmente numa técnica completa. Com sua típica determinação, é o que Dimitri faria em seguida. Depois de 14 anos vivendo na Vila Osasco, em 1912 ele partiu para Santos-SP, onde possuía uma pequena oficina, a fim de desenvolver sua descoberta.

Em conjunto com um engenheiro de São Paulo, Fernando Arens, Dimitri desenvolveu uma máquina para produzir tubos de ferro fundido, por meio da centrifugação. Levou dois anos para que eles concluíssem o equipamento. A máquina utilizava um molde frio, que possibilitava a fabricação de tubos solidificados quase instantaneamente. O resultado eram tubos mais leves, fáceis de fabricar, baratos e resistentes e, sobretudo, muito superiores aos precedentes, fundidos em moldes de areia, que apresentavam sempre falhas e bolhas na fundição.

O dispositivo foi patenteado no Brasil em 1915. Os tubos de metal com a patente de Lavaud-Arens começaram a ser produzidos em 1916, em São Paulo, pela empresa fundada pelos dois inventores, a Companhia Brasileira de Metalurgia. Nesse mesmo ano, Dimitri viajou aos Estados Unidos para lá registrar e difundir sua patente e, antes de deixar o país, Dimitri naturalizou-se brasileiro.

No ano seguinte, já enriquecido pelo pagamento de *royalties* por sua invenção revolucionária, Dimitri fundou em terras canadenses a International de Lavaud Manufacturing Corporation, empresa com escritórios em diversos países europeus.

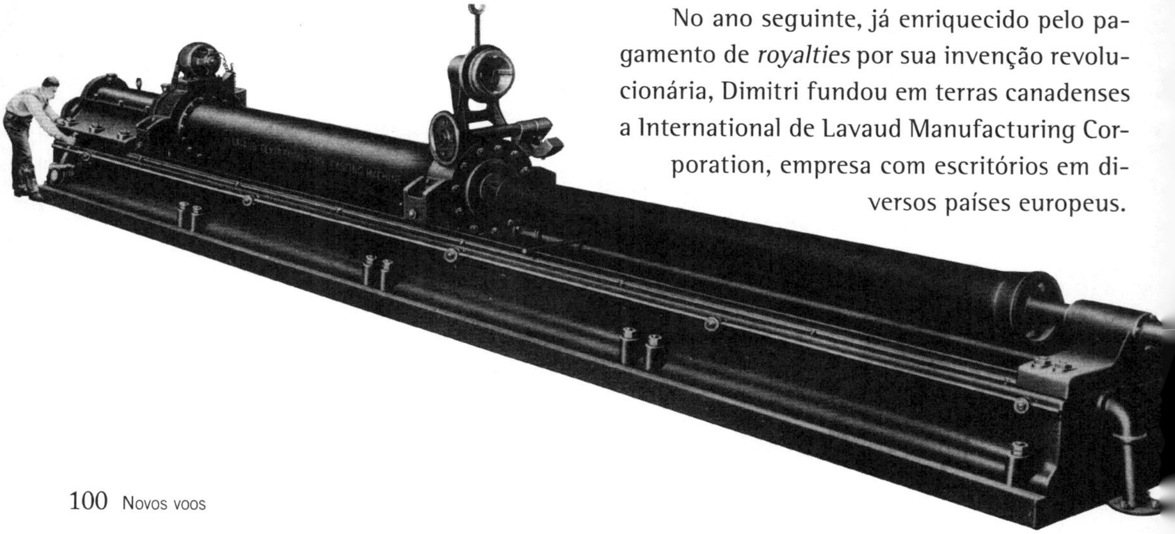

Saint Gobain

A Companhia Brasileira de Metalurgia, fundada em 1915 por Dimitri Sensaud de Lavaud e Fernando Arens, após sucessivas cessões, fusões e incorporações, assumiu o nome de Barbará S/A, Companhia Metalúrgica Barbará, até chegar à atual denominação de Saint Gobain Canalização Ltda., em novembro de 2000.

Tubos de ferro fundido e a máquina para sua fabricação (na página ao lado): patente tornou Dimitri milionário

Ajuda aos futuros inventores

Em 1920, Dimitri deixa o Canadá e se estabelece em Paris, com a mulher e os três filhos. Reencontra os parentes por parte de pai, primos, tio e o meio-irmão, Jean Sensaud. Com os milhões que ganhou com a técnica de fabricação de tubos por centrifugação, Dimitri voltou-se para os jovens que, como ele quando jovem, tinham poucos recursos para se iniciar na engenharia (no Brasil do início do século XX, pouquíssimos tinham acesso a laboratórios adequados, mesmo os que tinham a riqueza da família Sensaud de Lavaud). Criou em Paris um centro estudantil que fornecia a inventores promissores todos os recursos físicos (oficinas, laboratórios e materiais) de que precisassem.

O automóvel Sensaud de Lavaud

Em 1927, ele desenvolveu um automóvel com transmissão automática (isso mesmo, um carro com câmbio que trocava de marcha sozinho, elemento que só viria realmente a se popularizar em automóveis no final do século) e suspensão independente nas quatro rodas. A máquina desfilou pelas ruas de Paris com a sigla T.S.L. (Transmissão Sensaud de Lavaud). O volante deste automóvel podia se mover para cima em quatro graduações, voltando para baixo na mesma sequência. Já o chassis também tinha uma marca especial: foi fundido numa só peça.

Os desenvolvimentos chamaram a atenção de André Citroën, que tentou implementar a tecnologia em seus modelos.

SOCIÉTÉ D'EXPANSION TECHNIQUE
CONSTRUCTEUR

DIRECTION & SIÈGE SOCIAL :
179, RUE DE LA POMPE
PARIS (XVIe)

TÉLÉPHONE : PASSY, 89-98
ADR. TÉLÉGR. : EXPANTEX-PARIS

ATELIERS :
82, RUE DE LA JONQUIÈRE
PARIS (XVIIe)

TÉLÉPHONE :
MARCADET 51-82

Automobiles Sensaud de Lavaud

TYPE T. A. - à Transmission automatique

TYPE B. V. — à Boîte de vitesses

DIMENSIONS DU CHASSIS

Encombrement total . . .	4m00×1m70	Emplacement carrosserie.	2m30×1m15
Empattement.	3m20	Roues (pneus confort). .	849×151
Longueur totale du châssis	3m70	Poids du châssis, environ	1.000 kil.
Voie	1m42		

Dimitri e seu automóvel

Ainda em 1927, foi reconhecido por seus esforços como inventor, ao receber o Prix Monthion da Academia de Ciências de Paris. Três anos depois, em reconhecimento a todas as suas contribuições para o desenvolvimento da indústria na França, foi nomeado pelo governo francês Cavaleiro da Legião de Honra (*Chevalier de La Legion d'Honneur*).

O carro de Dimitri exposto no Sa!ão do Automóvel, em Paris, 1927

Logotipo T.S.L.: Transmissão Sensaud de Lavaud

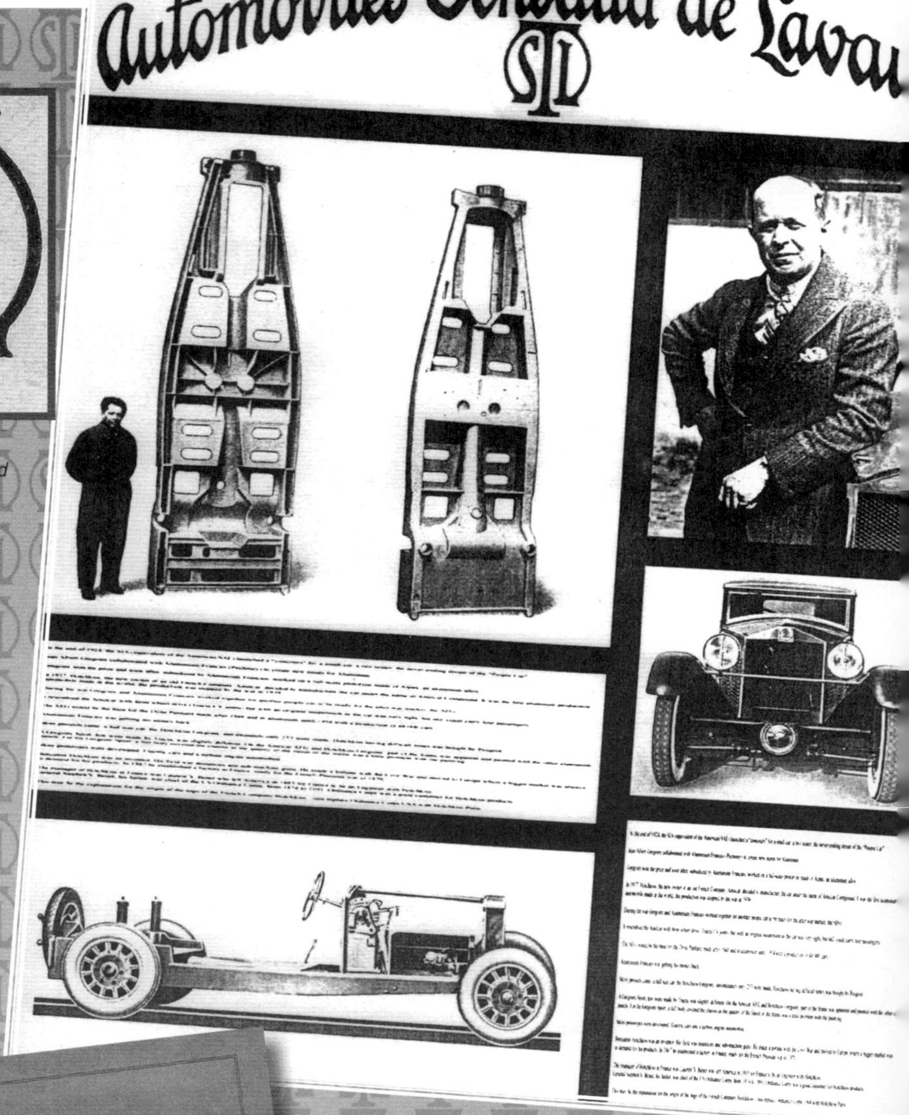

Chassis monobloco: uma das centenas de invenções patenteadas por Dimitri

Um dos manuais técnicos escritos por Dimitri

TRANSMISSION D. S. DE LAVAUD

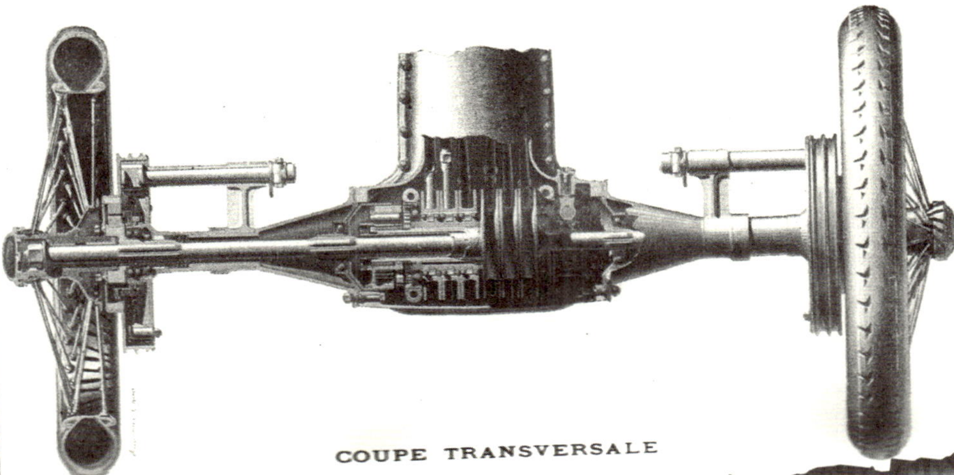

COUPE TRANSVERSALE

TRANSMISSION D. S. DE LAVAUD

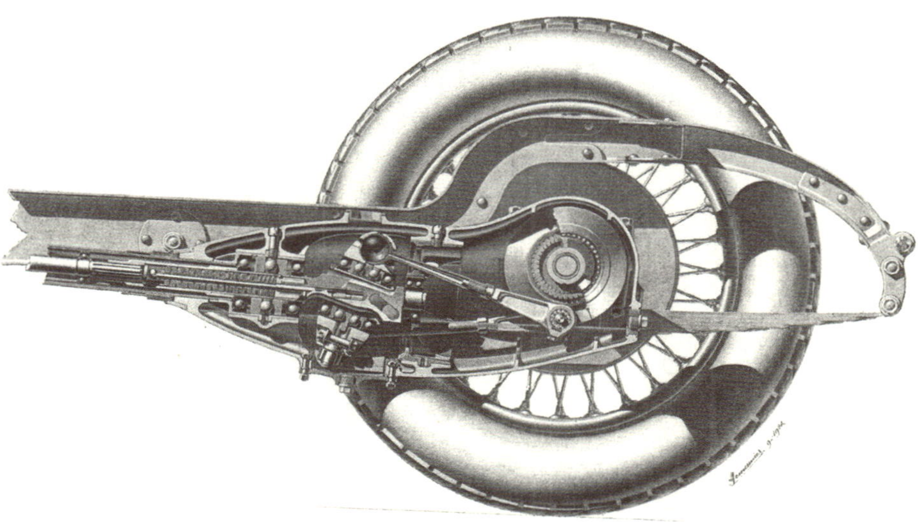

COUPE LONGITUDINALE

Dimitri e a esposa, Berthe, num navio, por volta de 1930

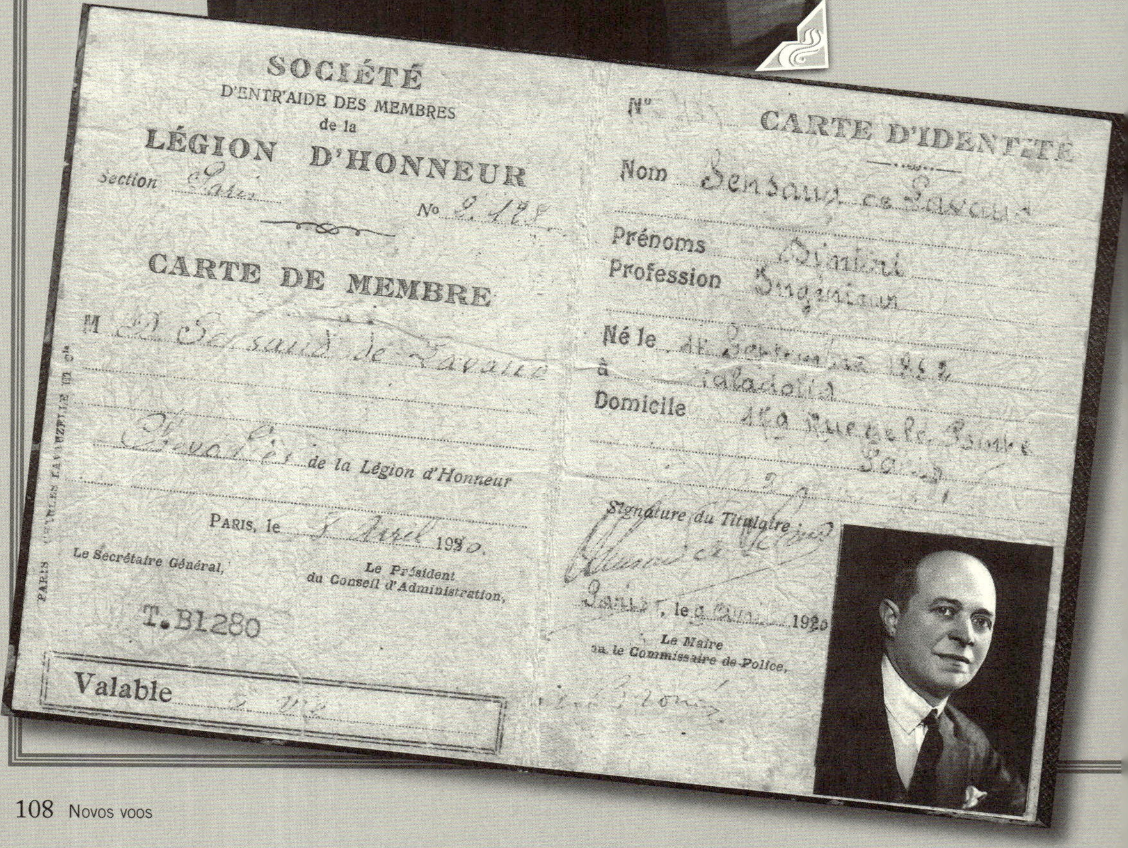

SOCIÉTÉ
D'ENTR'AIDE DES MEMBRES
de la
LÉGION D'HONNEUR
Section Paris
N° 9.178

CARTE DE MEMBRE

M D. Sensaud de Lavaud

Chevalier de la Légion d'Honneur

PARIS, le 7 Avril 1920.

Le Secrétaire Général,
Le Président du Conseil d'Administration,

T.B1280

Valable

PARIS CHARLES LAVAUZELLE ET Cie

N°

CARTE D'IDENTITÉ

Nom Sensaud de Lavaud

Prénoms Dimitri

Profession Ingénieur

Né le

à Valladolid

Domicile

Signature du Titulaire

Paris, le 1920

Le Maire
ou le Commissaire de Police,

Robert, filho de Dimitri, exibe a medalha recebida pelo pai do governo francês

De volta à aviação

Mas a mente de Dimitri era incansável. Suas patentes já passavam de mil (segundo um artigo da revista *Esso Oilways*, teriam chegado a 1.200 até o fim da vida) quando ele se voltou novamente para a aviação e, entre outros inventos, patenteou um tipo especial de hélice para aeroplano, com "passo" variável e automático. Trata-se de um sistema automático, sem comandos mecânicos ou hidráulicos, e é virtualmente idêntico ao usado em inúmeros aviões americanos até hoje.

Os traumas da guerra

Quando começou a Segunda Guerra Mundial, Dimitri não hesitou em ajudar a França a combater a ameaça alemã. Ofereceu planos para um míssil guiado e outras de suas invenções ao governo francês. Chegou a construir uma maquete do foguete. Quando a França foi invadida e conquistada pelos nazistas, o inventor fugiu para Mônaco. Mas, em 1942, a mando de Vichy (governo fantoche da França ocupada pelos nazistas), foi capturado e encarcerado em Lyon, onde permaneceu incomunicável. Dimitri teve sua casa invadida. O quintal da propriedade foi totalmente esburacado: os alemães tinham esperança de encontrar a maquete do míssil e algum outro invento secreto que pudesse servir ao esforço nazista. Não encontraram nada. Dimitri recusou-se a trabalhar para Hitler.

Foi solto seis meses depois, graças à intervenção do embaixador brasileiro em Vichy, Luiz de Souza Dantas, que exigiu a libertação do cidadão brasileiro. Uma vez em liberdade, Dimitri retomou seus estudos. Em 1944, patenteou o que seria sua última invenção: uma embreagem elétrica para automóveis.

Em 25 de agosto de 1944, a França é libertada. Ao analisar os arquivos secretos de Vichy, militares americanos deparam com o nome de Di-

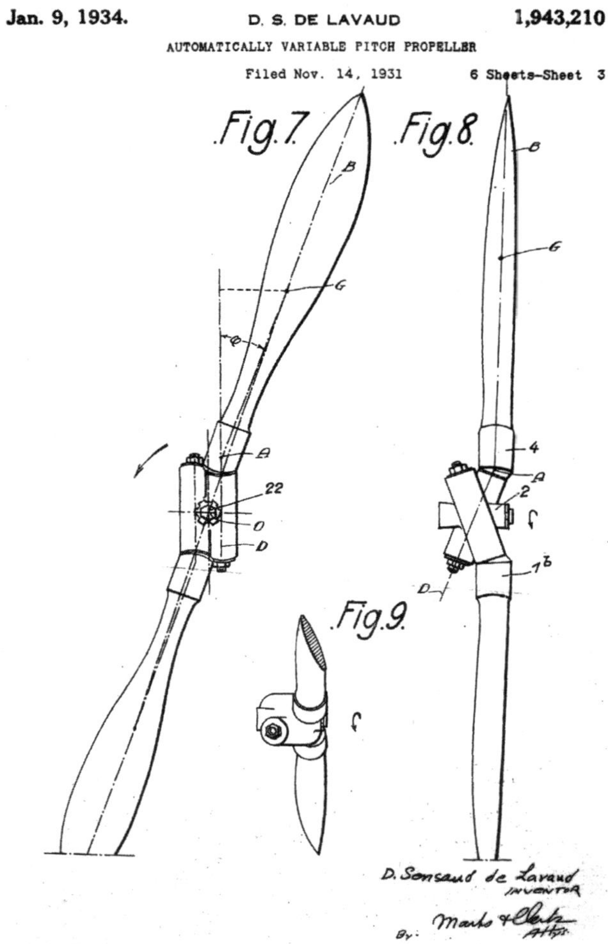

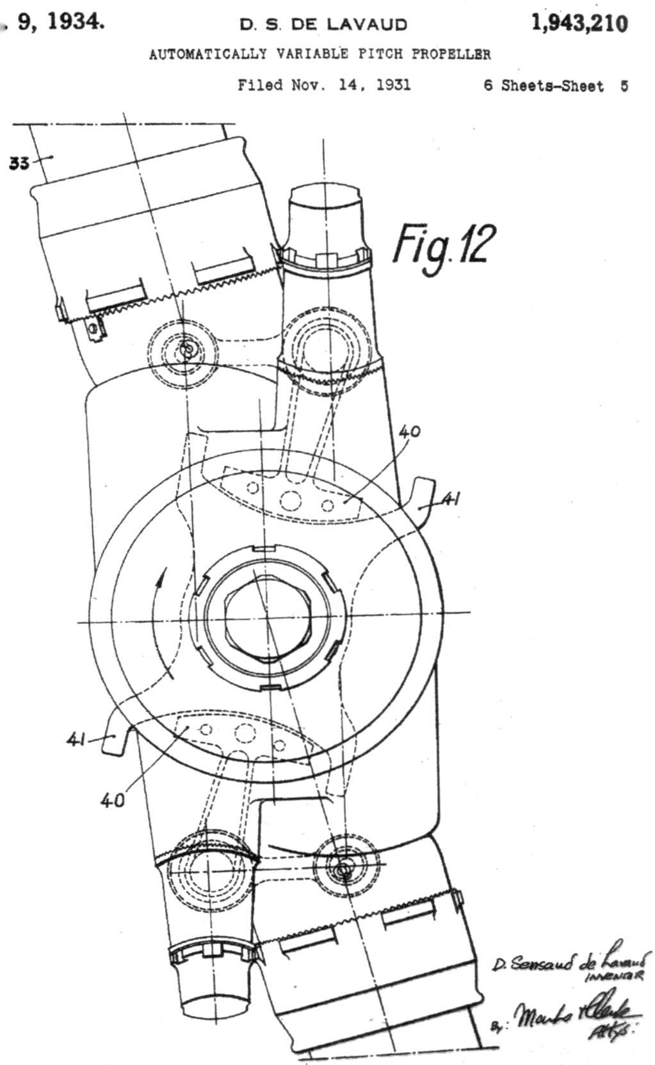

mitri. Cinco dias depois, em 30 de agosto de 1944, ele é detido e enviado aos ingleses, que o interrogam na prisão militar de Cherche Midi, em Paris. Os ingleses nada encontram que possa incriminá-lo, mas decidem entregar o prisioneiro aos franceses. E o pesadelo recomeça.

Um tribunal de guerra francês o acusou de ter colaborado com o inimigo, afirmando, sem nenhuma prova, que ele teria sido libertado de sua primeira prisão a pedido dos alemães, e não do embaixador brasileiro. Dimitri continuou preso. Convalescendo de uma cirurgia, a detenção piorou seu estado de saúde. Ele foi levado ao hospital, mas, dois meses depois, retornou à prisão. De sua cela, escreveu: "Ter sido preso pela França foi o maior golpe que já sofri na vida".

No cárcere, Dimitri começou a definhar. Foi visitado duas vezes por um médico legista, Dr. Paul. Na primeira visita, o médico atestou que o prisioneiro estava sofrendo de depressão, anemia, paludismo, problemas hepáticos e inflamações, e recomendou que a prisão temporária fosse a mais curta possível, pois ele não suportaria o regime penitenciário por muito tempo. A recomendação foi rejeitada. Na segunda visita, em 13 de março de 1945, Dr. Paul reiterou que o prisioneiro era um idoso, que seu estado geral havia se deteriorado muito desde a primeira visita e que a libertação era imperativa. Dimitri estava com 62 anos. Teve de esperar ainda três meses para ser posto em liberdade, no dia 8 de junho de 1945, após oito meses de detenção.

Durante o processo que se seguiu, o depoimento de várias testemunhas de defesa não deixou dúvidas de que as acusações contra Dimitri eram absolutamente infundadas. Ele amava a França e nunca colaborou com os nazistas. Sempre se declarou um opositor dos alemães. Convidado diversas vezes por autoridades alemãs para prosseguir seus estudos na Alemanha, jamais aceitou. Na única vez em que foi coagido a realizar um teste com uma hélice de sua invenção, sabotou o dispositivo, e uma das pás se desprendeu diante dos oficiais alemães. O embaixador brasileiro Souza Dantas, que agora ocupava um posto na ONU, enviou uma carta em sua defesa, reafirmando ter sido graças à sua intervenção que Dimitri fora libertado de sua primeira prisão, em 1942.

Dimitri acabou inocentado de todas as acusações. Mas a frustração pela injustiça sofrida tinha esgotado suas forças. Menos de um ano depois, arruinado, abatido e doente, morria em Paris, em 21 de abril de 1947, aos 64 anos, o pioneiro da aviação no Brasil e o grande engenheiro e inventor, Dimitri Sensaud de Lavaud.

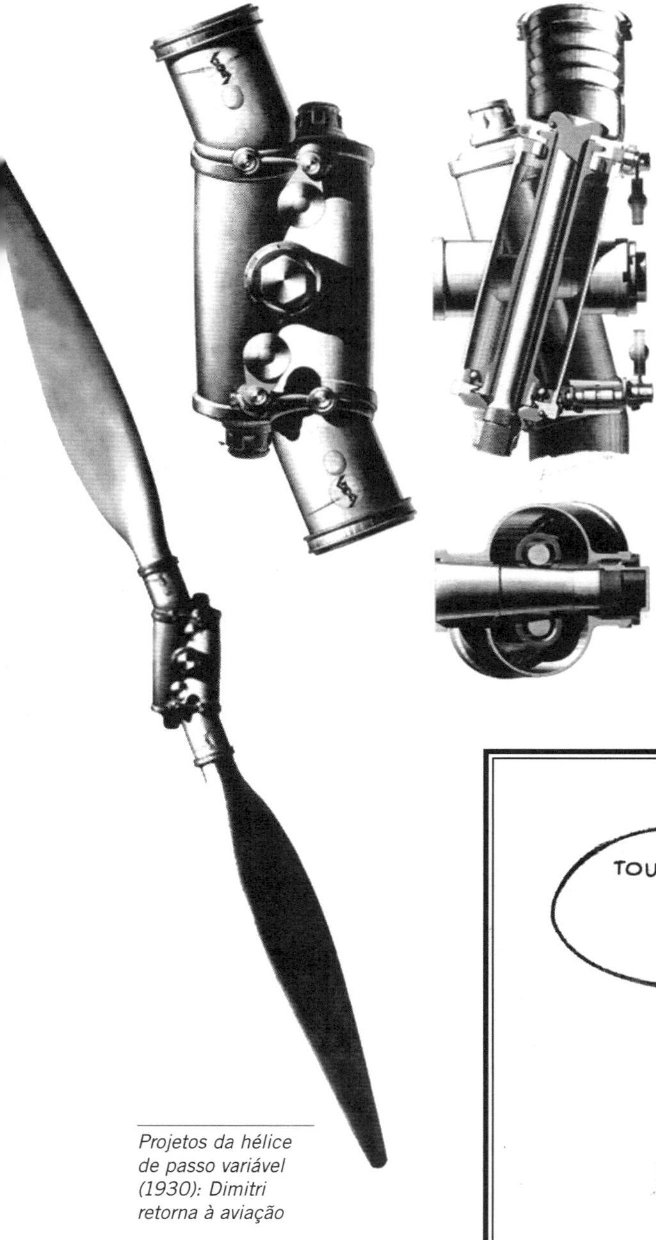

Projetos da hélice de passo variável (1930): Dimitri retorna à aviação

Catálogo apresentando a embreagem elétrica para automóveis: última invenção do engenheiro

Um engenheiro extraordinário

Em dezembro de 2009, quando os autores concluíam sua pesquisa e iniciavam a redação deste livro, tiveram uma grata surpresa: a publicação, na França, do livro *Dimitri Sensaud de Lavaud – Un ingénieur extraordinaire* (Um engenheiro extraordinário).

Ao fazer pesquisas para um museu de carros antigos, na Flórida – o Tampa Bay Automobile Museum –, o autor, Alain Cerf, francês radicado nos Estados Unidos, deparou com o nome de Dimitri. Na França, Dimitri era conhecido no meio automobilístico como o engenheiro que quase levou a Citroën à bancarrota, nos anos 1930, por convencer a empresa a utilizar em seus carros uma transmissão automática que não funcionava.

Desconfiado dessa história simplista e mal contada, Alain Cerf iniciou uma investigação que revelou uma história bem diferente: a transmissão não funcionou porque os engenheiros da Citroën alteraram o projeto de Dimitri. Alain decidiu, então, escrever um livro sobre o assunto, a fim de limpar o nome de Dimitri e restabelecer a verdadeira história.

Ao longo da pesquisa, entretanto, Alain percebeu a dimensão do personagem que iria retratar. Descobriu, entre outras coisas, sobre o voo pioneiro no Brasil, sobre a máquina de centrifugação e sobre as acusações que pesaram sobre Dimitri durante a Segunda Guerra Mundial. E o livro – embora ainda traga longos capítulos que dissecam todos os detalhes técnicos sobre a transmissão automática de Dimitri e a Citroën, além de outros de seus inventos – acabou se transformando numa biografia de Dimitri Sensaud de Lavaud.

Fruto de uma pesquisa de seis anos, a obra trata, principalmente, da vida de Dimitri depois que ele deixou o Brasil (a história do voo em Osasco ocupa apenas oito de suas 162 páginas) e, particularmente, de seu envolvimento com o automobilismo. O autor fornece detalhes sobre os principais inventos de Dimitri e, no último capítulo, traz informações inéditas sobre as prisões e os processos sofridos pelo inventor durante e depois da Segunda Guerra Mundial.

Dimitri Sensaud de Lavaud

Un ingénieur extraordinaire

Alain Cerf

Editions du Palmier

7 Asas de um sonho

O grande mérito de Dimitri Sensaud de Lavaud não foi apenas ter sido o primeiro homem, no Brasil e na América Latina, a voar numa máquina mais pesada que o ar. Isto, em si, já seria motivo para que o aviador fosse reconhecido. Seu maior feito, entretanto, foi ter projetado e construído um aparelho voador numa época em que não havia nada parecido com uma indústria de aviação no Brasil. A própria indústria nacional, como um todo, estava apenas engatinhando.

A imprensa da época já destacava o feito de Dimitri sob essa perspectiva. O jornal *Correio Paulistano* afirma, em sua matéria de 8 de janeiro de 1910, dia seguinte ao do primeiro voo:

"É patente a superioridade do motor de Lavaud sobre todos os outros até hoje existentes. E este fato deve encher-nos de orgulho, porquanto o aparelho aerostático em questão é genuinamente nacional – todo ele foi construído aqui. Esta circunstância redobra o mérito, acentua melhor a proficiência do seu hábil construtor, que, trabalhando em meio a recursos mecânicos bem escassos, pôs mãos à obra, cheio de confiança e ardor. Foram seis meses de trabalho ininterrupto".

O jornal *O Estado de S. Paulo* também aponta as dificuldades enfrentadas por Dimitri, salientando que todas as peças foram construídas em São Paulo:

> "A favor do arrojado sportsman que ontem fez o primeiro voo da América do Sul milita, no entanto, ao lado das circunstâncias desfavoráveis do ncsso acanhado e restrito meio, onde a indústria mecânica cria dificuldades de todo o gênero a estas iniciativas, o fato de, tanto na concepção do aparelho, como do motor, ter o Sr. Dimitri inúmeras criações suas, às quais o "Estado" já fez circunstanciada menção em números anteriores, sendo ainda de notar que no aparelho e no motor não ha uma só peça fabricada fora de São Paulo".

O *Diário Popular*, numa visão mais otimista, afirma que o feito de Dimitri demonstrava o avanço da indústria de São Paulo. Na edição de 13 de janeiro de 1910, comentando a exposição do avião de Dimitri no teatro Politeama, o jornal diz que vale a pena visitar o aparelho não só por sua elegância e novidade, mas também por ser "um atestado do nosso progresso industrial, pois tudo foi construído aqui".

De fato, no início da década de 1910, todos os aviadores apresentavam-se ao público brasileiro em aparelhos importados. Pilotos como o carioca Gastão de Almeida e os italianos Germano Ruggerone e Giulio Piccolo voaram em São Paulo em máquinas trazidas da França. A aviação era um esporte, praticado com máquinas importadas, e os aviadores eram chamados de "sportsmen" pela imprensa da época.

Dimitri, no entanto, foi mais do que um "sportsman": aos 27 anos de idade, foi o primeiro a voar num avião projetado e construído por ele próprio, a exemplo do que tinham feito Santos-Dumont e os irmãos Wright – não esquecendo, porém, que os irmãos Wright viviam nos Estados Unidos, país muito mais desenvolvido que o Brasil, e Santos-Dumont, por sua vez, estava cercado pelos maiores ases da aviação, na França, na época o país mais avançado do mundo em aeronáutica, onde viviam Blériot, Farman, Voisin – todos projetistas e aviadores, além de Lavasseur e Anzani, fabricantes de motores para aeronaves. Dimitri não teve nada disso. Ainda assim, conseguiu projetar e construir um motor e um avião – e decolar, na primeira tentativa.

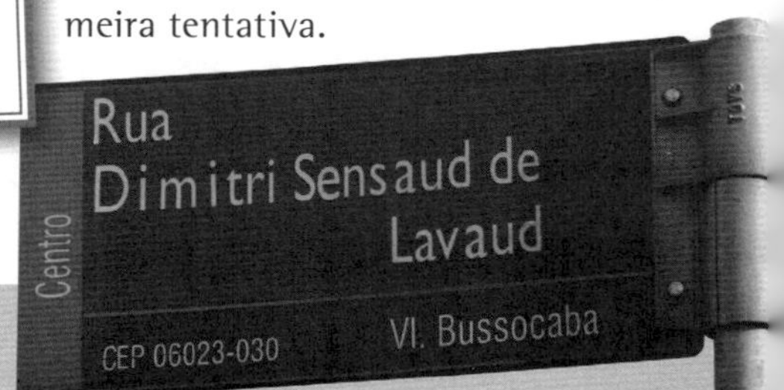

A cidade de Osasco instituiu a segunda semana de setembro, mês de nascimento de Dimitri, como a semana Dimitri Sensaud de Lavaud, período em que o aviador recebe homenagens, como este selo comemorativo, em 2001. Ao lado da prefeitura, há uma rua com seu nome.

As asas que figuram no brasão de Osasco são uma alusão ao voo pioneiro de Dimitri. E o hino oficial da cidade também menciona, em alguns de seus versos, o evento histórico:

"Osasco brilha na América do Sul
Foi em Osasco que o homem sonhou
e conquistou o céu azul"

1914: o segundo avião brasileiro

Depois de Dimitri, somente em 1914 veríamos um avião genuinamente nacional cruzar os ares do Brasil, quando o carioca João d'Alvear, certamente estimulado pelo sucesso do colega em Osasco, projetou um pequeno monoplano. Dois modelos do avião chegaram a ser construídos, um monoplace e um biplace, quase idênticos.

O monoplace realizou ensaios no Campo dos Afonsos, no Rio de Janeiro, e mostrou-se bastante estável. Entretanto, a primeira apresentação pública do bis-Avelar, o avião de dois lugares do inventor brasileiro, teve um desfecho trágico. Em 7 de fevereiro de 1915, uma multidão aguardava no Derby Club para, finalmente, ver o voo de um avião construído no Brasil.

O avião seria comandado pelo piloto Ambrosio Caraggiolo. O piloto decolou, voou por alguns segundos e, de repente, o aparelho descreveu uma espiral e precipitou-se em direção ao solo. A plateia ficou admirada, julgando tratar-se de uma manobra arriscada do piloto. A ilusão, porém, logo se dissipou quando o avião se chocou violentamente contra a terra. Caraggiolo foi tirado da nacele ainda com vida e levado ao hospital, mas não resistiu aos ferimentos e morreu na tarde daquele mesmo dia. A hélice trincada do avião teria sido o motivo do acidente. Com o esforço do voo, ela teria se partido. Depois do dramático acidente, Alvear abandonou seus trabalhos na aviação.

Do *São Paulo* à Embraer

Tanto o *São Paulo* de Dimitri quanto o monoplano de Alvear poderiam ter sido o embrião de uma indústria brasileira da aviação, se os investimentos tivessem tido continuidade. Se Dimitri possuísse mais recursos e subsídios, seu projeto poderia ter avançado, transformando-se em uma aeronave útil, assim como ocorreu em outros países, em que os primeiros projetos também fracassaram, mas que, com investimentos, se tornaram aviões comercializáveis.

Construir um artefato tecnológico da complexidade de um avião exige investimentos contínuos, aliados a um programa de pesquisa e de formação de pessoal. A partir da década de 1920, foram feitas várias tentativas de se implantar uma indústria aeronáutica no Brasil, mas isso só ocorreria, de forma consistente, no início da década de 1950, com a formação de pessoal de alto nível, possibilitando que o Brasil, em fins do século XX, se tornasse um dos principais construtores de aviões do mundo.

Anúncio da Embraer de 1979, em comemoração aos dez anos da empresa, homenageia os pioneiros da aviação. Dimitri aparece na segunda foto, na primeira coluna à esquerda, e é citado no segundo parágrafo, logo depois de Santos-Dumont: "A de Lavaud, o homem que, com um avião inteiramente projetado e construído no Brasil, fez, em Osasco, o primeiro voo do continente sul-americano".

azendo 10 anos.
omenagem a todos aqueles
io não seria possível.

A Santos Dumont, brasileiro que foi o primeiro ser humano a fazer voar um aparelho mais pesado que o ar.

A De Lavaud, o homem que, com um avião inteiramente projetado e construído no Brasil, fez, em Osasco, o primeiro vôo no continente sul-americano.

A todos aqueles que idealizaram e colaboraram para a criação no Brasil de um Ministério da Aeronáutica e de um Centro Técnico Aeroespacial.

Aos industriais Henrique Lage, Guedes Muniz, Francisco Pignatari, Barros Neiva e a tantos outros pioneiros da indústria aeronáutica brasileira.

E, finalmente, às autoridades que contribuíram para a criação da Embraer Que hoje, dez anos depois de sua fundação, está entre as principais indústrias aeronáuticas do mundo, no setor de aviação geral. Que utiliza a mais moderna tecnologia e emprega 4.700 pessoas, entre engenheiros, técnicos e operários especializados. Enfim, uma empresa que participa cada vez mais do competitivo mercado internacional (hoje, já existem 60 aviões da Embraer em operação no exterior).

Tudo isso ela dedica a todas as pessoas que, de uma forma ou de outra, tornaram possível este anúncio comemorativo dos seus 10 anos de existência.

EMBRAER
EMPRESA BRASILEIRA DE AERONÁUTICA S.A
12200 - São José dos Campos, SP - Brasi
Telex (391) 1122445 EBAE BR.

A réplica do *São Paulo*

Infelizmente, não se tem notícia do paradeiro do avião original construído por Dimitri Sensaud de Lavaud. Segundo duas fontes consultadas (um artigo da revista *Armas, Tecnologia e Defesa*, de 1985, e o livro *Desafio de Voar*, de Henrique Lins de Barros, sobre a história da aviação), o *São Paulo* teria sido vendido a um desconhecido, que morreu num acidente ao tentar fazê-lo voar. Informações não confirmadas dão conta de que o aparelho, avariado, teria sido depositado numa fazenda em Mogi das Cruzes e, aos poucos, desmontado.

Em sua tese de mestrado sobre o tema (de 1969-1970), a historiadora Helena Pignatari Werner afirma que "embora não tenha sido possível reconstituir o avião com o qual se realizou a façanha, conseguimos recolher (...) uma peça do aparelho (berço do motor)".

Soube-se depois que nem isso havia sobrado do avião: a suposta única peça remanescente, que chegou a ser exposta no Museu Dimitri Sensaud de Lavaud, não existia no *São Paulo*. Quem afirma é o engenheiro Pierre A. Camps, que construiu uma réplica do *São Paulo*, concluída em 2007.

Pierre, que tem parentesco com a esposa de Dimitri (seu avô era irmão da mãe de Berthe Rachou), desde criança ouvia histórias sobre o parente ilustre. Mas foi apenas em 2005 que ele pôs os olhos, pela primeira vez, no desenho do avião *São Paulo*, publicado na matéria de 8 de janeiro de 1910 do jornal *O Estado de S. Paulo*. Na mesma hora, pensou que conseguiria construir uma réplica do avião. E uma réplica que poderia voar, como o original voou.

Um voo esquecido

O feito de Dimitri Sensaud de Lavaud, já pouco conhecido no Brasil, é ignorado por completo fora do país. Ao buscar na internet informações sobre o primeiro voo na América Latina, a maioria das referências indica que a glória recai sobre o mexicano Alberto Braniff.

Nascido em 1884, Alberto era filho de Thomas Braniff, um rico industrial americano que havia se mudado para o México para construir a estrada de ferro Vera Cruz. Educado na Europa, Alberto se apaixonou pela aviação e comprou na França um aeroplano do tipo Voisin, que mandou de volta ao México para realizar experimentos.

O primeiro voo de Braniff aconteceu na Cidade do México no dia 8 de janeiro de 1910. Ele decolou do local onde hoje está instalado o Aeroporto Internacional Benito Juarez e permaneceu no ar por impressionantes 19 segundos – um belíssimo voo, tendo em vista o fato de ser o primeiro.

Mas nada muda o fato de que essa decolagem aconteceu um dia depois (é isso mesmo, apenas um dia!) do histórico voo de Dimitri Sensaud de Lavaud em Osasco! É importante notar também que Alberto Braniff não desenvolveu seu aeroplano, diferentemente do que ocorreu no caso brasileiro.

O voo na Cidade do México foi importante, o primeiro naquele país, mas não é justo que a comunidade internacional – sempre com muita dificuldade de enxergar o que acontece abaixo da linha do Equador – tome-o pelo primeiro da América Latina.

Pierre A. Camps visita o túmulo de seu parente ilustre, no cemitério de Neuilly, em Paris: "Dimitri Sensaud de Lavaud – 1882–1947"

Dois anos depois, a réplica do *São Paulo* estava pronta. Hoje, a aeronave está exposta no Museu Asas de um Sonho, mantido pela companhia aérea TAM, na cidade de São Carlos-SP.

Construindo o aparelho

A única referência de que Pierre dispunha, ao iniciar o projeto, era o jornal *O Estado de S. Paulo* da época. A matéria trazia o desenho, as dimensões do avião e o material utilizado em sua construção. Entretanto, pelas fotos da aeronave que obteve posteriormente, ele percebeu que alguns detalhes do desenho publicado pelo *Estado* não correspondiam ao aparelho pronto. Uma das principais diferenças era o trem de pouso: no desenho, as rodas de bicicleta estão para trás, mas, nas fotos, elas se projetam para a frente.

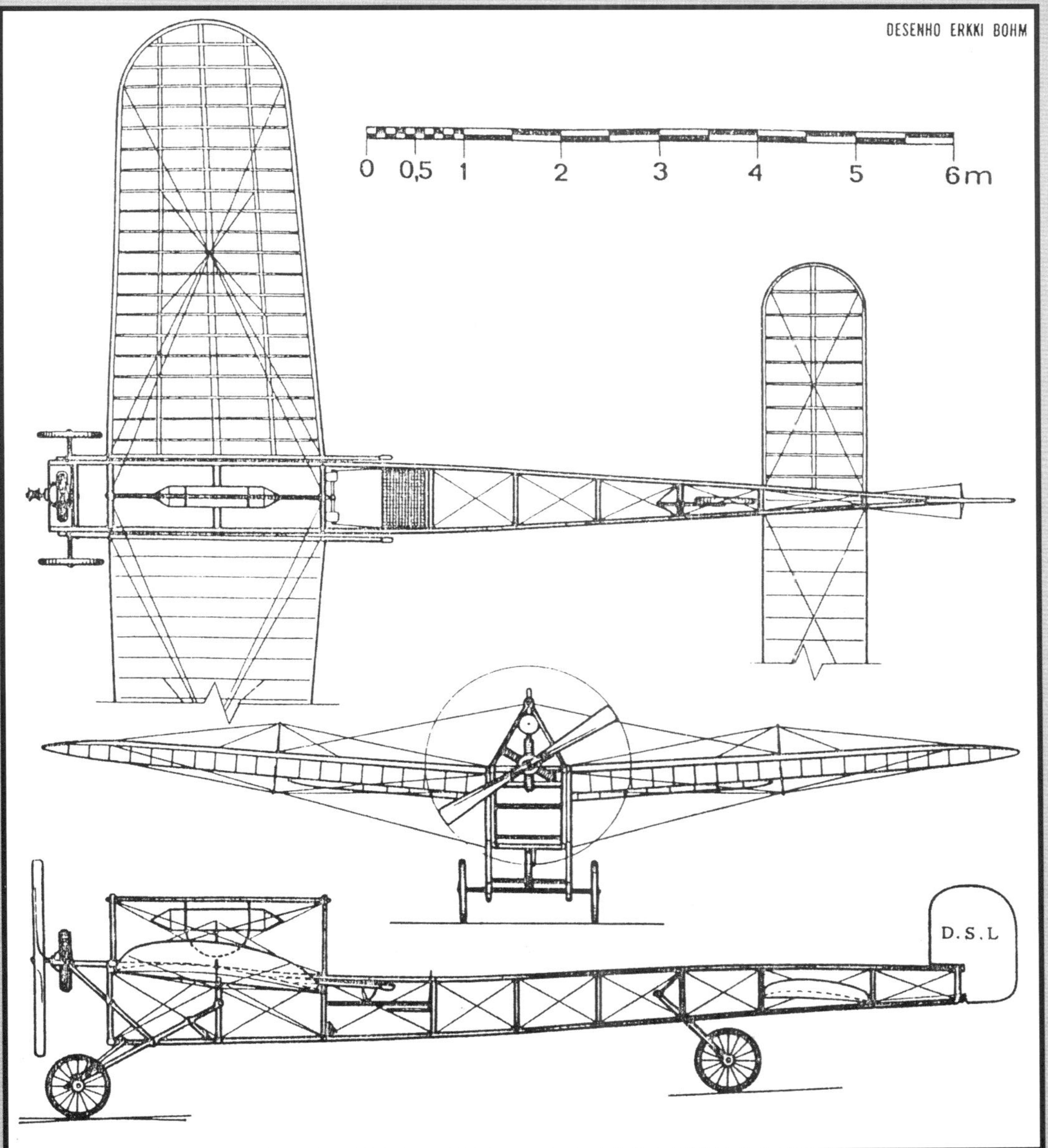

O projeto original e o publicado pela revista Armas, Tecnologia e Defesa *(nº 20, ano 3, 1985. Desenho de Erkki Bohm): o segundo é mais fiel ao aeroplano que de fato foi construído por Dimitri e, quase cem anos depois, por Pierre.*

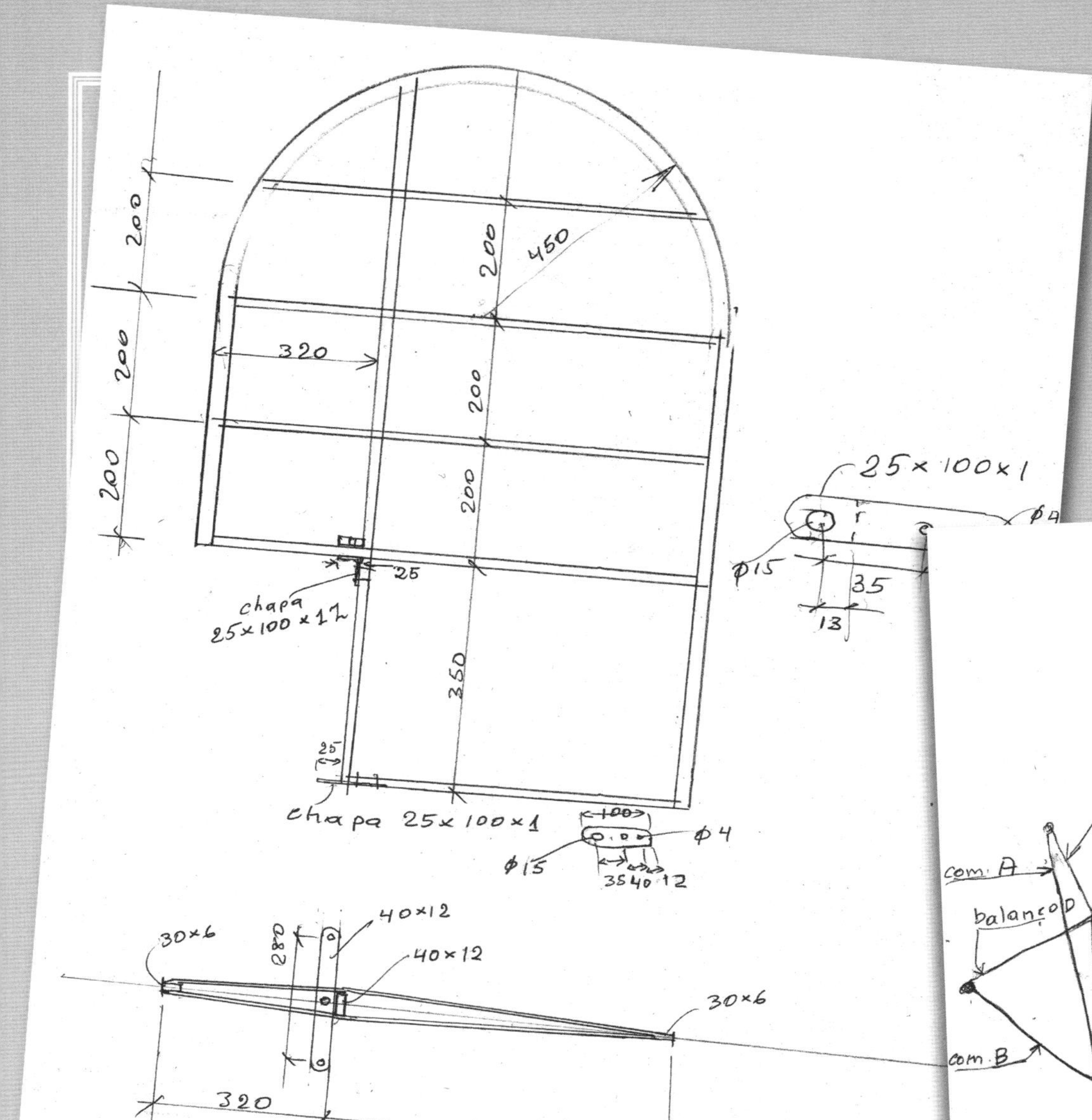
200
200
200
200
450
320
200
200
25
chapa
25x100x1
350
25
chapa 25x100x1
25x100x1
φ15
35
13
100
φ4
φ15
35 40 12
40x12
30x6
280
40x12
30x6
320
900

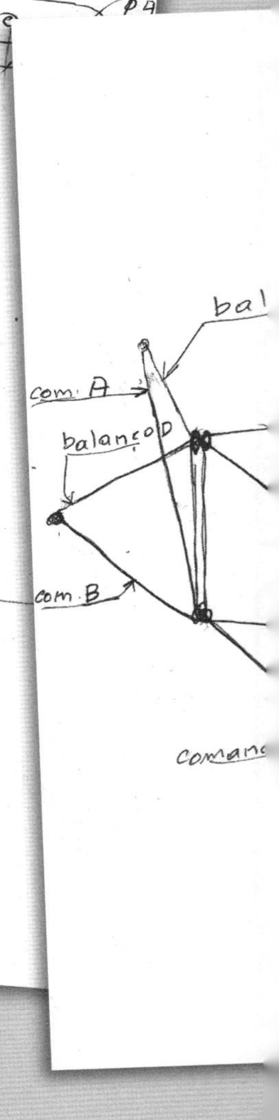
com. A
balanço D
com. B

Desenhos de Pierre A. Camps para a construção da réplica

O projeto das asas e dos lemes era claro, mas não havia um desenho construtivo da fuselagem. Como a matéria mencionava que Dimitri havia se inspirado num Blériot, Pierre utilizou a fuselagem desse aeroplano francês como modelo. Dimitri tinha usado pinho e peroba na estrutura do aparelho, mas Pierre preferiu utilizar freijó, recomendado pela aeronáutica. Todo o serviço de corte e aparelhamento do madeiramento foi executado por uma marcenaria no bairro da Freguesia do Ó, na capital paulista. Enquanto Pierre termina a segunda asa, sobre a bancada, a primeira, já pronta, está pendurada no teto, protegida contra a chuva. Ele construiu a réplica no quintal da própria casa, em São Paulo.

Como a intenção original era fazer a réplica voar, por questão de segurança o engenheiro introduziu algumas modificações no projeto, como o manche (no centro), que não existia no original. O manche é necessário para o comando adequado da aeronave.

A ideia de Pierre era fazer o voo inaugural de seu aeroplano em 2010, por ocasião do centésimo aniversário do voo pioneiro de Dimitri. Por isso, mais um item de segurança foi incorporado à réplica: uma suspensão Volkswagen. O avião original tinha "perna dura", ou seja, não tinha suspensão, por isso o trem de pouso quebrou com o impacto da descida, no voo de Dimitri.

Como não conseguiu patrocínio para seu projeto de fazer uma grande festa no centenário do primeiro voo do Brasil, Pierre desistiu de colocar um motor de verdade na réplica (ele iria comprar um motor de ultraleve). O motor que vemos já instalado no aparelho (a peça entre as duas asas, em forma de estrela, com seis cilindros) é apenas uma imitação de plástico do original. O falso motor ficou tão perfeito que confundiu até profissionais que iam visitar a obra no quintal da casa de Pierre. "Consegui enganar muita gente boa", brinca Pierre. "Pedia para me ajudarem a dar partida no motor, e vários chegaram a girar a hélice". Mas, enfatiza o engenheiro, o avião está pronto para receber um motor verdadeiro e voar. Ele foi construído com esse objetivo.

Pierre na mesma pose de Dimitri, momentos antes do voo de 1910. A alavanca que Pierre está segurando é apenas um enfeite, já que a réplica não tem as asas móveis, como o aeroplano original (duas alavancas, uma de cada lado, serviam para controlar o movimento das asas do avião. Veja o Capítulo 4).

Já com a hélice, o avião está quase pronto. A hélice original era de jequitibá. Pierre utilizou um compensado, para facilitar a modelagem da peça. Ainda faltava cobrir as asas e instalar o tanque de combustível. A ideia era doar a réplica ao Museu Dimitri Sensaud de Lavaud, em Osasco, mas ali não havia um local para abrigá-la adequadamente.

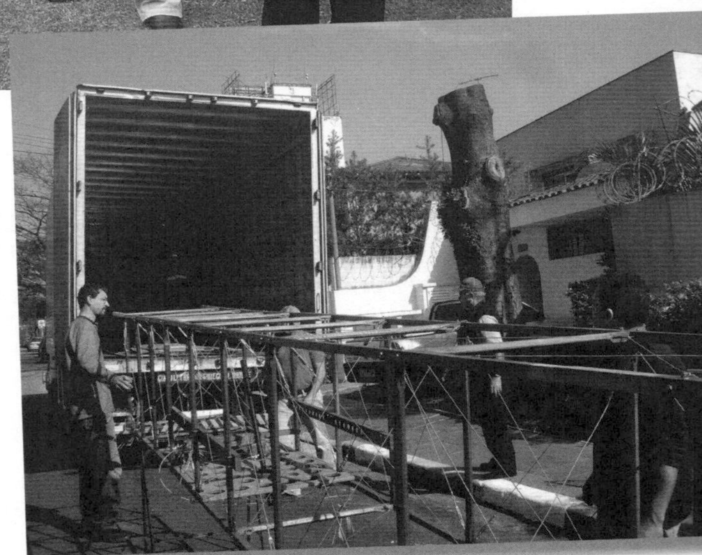

Quando soube da existência de uma réplica do *São Paulo*, o presidente da TAM, João Amaro (à direita), foi pessoalmente à casa de Pierre para ajudar a desmontar o aparelho e levá-lo ao museu da aviação que a companhia aérea mantém em São Carlos-SP.

A fuselagem é colocada no caminhão da TAM. Com mais de 10 metros de comprimento, a peça por pouco não teve de sair do quintal por cima do telhado da casa.

Aviões 100% nacionais

1910
Primeiro aparelho inteiramente projetado e construído no Brasil foi o *São Paulo*, do franco-brasileiro Dimitri Sensaud de Lavaud

1914
O carioca João d'Alvear projeta e constrói dois monoplanos

1935
Primeiro voo do *Muniz M-7*, que alcançou relativo sucesso, tendo 27 unidades construídas

1939
IPT (Instituto de Pesquisas Tecnológicas de São Paulo) desenvolve o avião *Bichinho*, em Rio Claro

1943
O avião *Paulistinha*, fabricado pela Cia. Aeronáutica Paulista (CAP), voa pela primeira

1910 1920 1930 1940

No museu da TAM, já com as asas cobertas e o tanque de combustível. Pierre tinha comprado seda, na Índia, para cobrir as asas do avião, mas um engenheiro da TAM achou melhor utilizar tecido de algodão. As asas do *São Paulo* original eram cobertas de cretone envernizado.

Segundo Pierre, construir o aparelho foi como fazer um aeromodelo, só que em tamanho grande. O princípio da montagem foi exatamente o mesmo. A réplica da aeronave, agora exposta à visitação pública, é uma bela compensação pela perda do *São Paulo* original.

A réplica do São Paulo *está exposta no museu Asas de um Sonho, da TAM, em São Carlos-SP*

1950

1955
Primeiro bimotor metálico brasileiro é homologado pelo CTA – Centro Técnico de Aeronáutica

1958
O primeiro jato é construído no Brasil, o *Besouro*

1960

1962
Surge a Aerotec (São José dos Campos-SP), que produziria, entre outros modelos, a aeronave *T-23 Uirapuru*

1968
Voa o primeiro protótipo do *C-95 Bandeirante*, bimotor turboélice desenvolvido e construído no CTA – Centro Técnico de Aeronáutica

1969
É fundada a Embraer – Empresa Brasileira de Aeronáutica S/A, que iria se tornar uma das maiores empresas aeroespaciais do mundo. Em 2010, cem anos depois do primeiro voo de um avião brasileiro, a Embraer já tinha construído mais de 5 mil aviões, operando em 88 países, em cinco continentes

1970

Dimitri Sensaud de Lavaud
Cronologia

1882	Em 18 de setembro, nasce Dimitri Sensaud de Lavaud, em Valladolid, Espanha.
1898	Chega a Osasco com os pais, o francês Evariste Sensaud de Lavaud e a russa Sacha Bogdanoff.
1903	Casa-se com Berthe Rachou, brasileira de família francesa.
1904	Nasce Georgette, sua primeira filha, em São Paulo.
1907	Nasce seu segundo filho, Robert, em Osasco.
1909	Inicia a construção do avião *São Paulo*.
1910	No dia 7 de janeiro, realiza, em Osasco, o primeiro voo da América Latina.
1911	Nasce sua terceira e última filha, Gabrielle, em São Paulo.
1912	Seu pai vende a indústria de cerâmica. Dimitri deixa Osasco e vai para Santos-SP, onde desenvolve, com Fernando Arens, uma máquina para fabricação de tubos de ferro fundido.
1916	Naturaliza-se brasileiro. Viaja para o Canadá e, posteriormente, aos Estados Unidos, para patentear sua máquina.
1920	Com a mulher e os filhos, passa a viver na França.
1927	Fabrica um automóvel com câmbio automático de sua invenção. No mesmo ano, recebe o prêmio Prix Monthion, da Academia de Ciências de Paris.
1930	É nomeado Cavaleiro da Legião de Honra (Chevalier de La Legion d'Honneur) pelo governo francês.
1942	É preso pelo governo colaboracionista de Vichy, na França, e solto seis meses depois, graças à intervenção do embaixador brasileiro Souza Dantas.
1944	Desenvolve seu último invento, uma embreagem elétrica. É preso pela segunda vez, logo após a libertação de Paris, acusado de ter colaboradc com o exército de ocupação nazista.
1946	É inocentado de todas as acusações.
1947	Em 21 de abril, aos 64 anos, Dimitri Sensaud de Lavaud morre em Paris. Seu corpo é enterrado no cemitério de Neuilly.

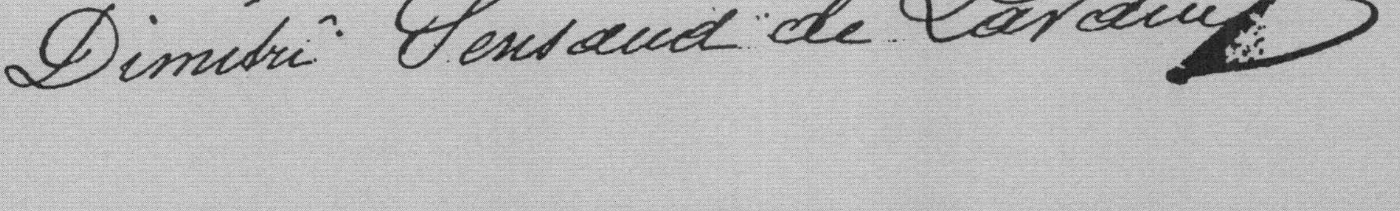

Bibliografia

Livros

DRUMOND, Cosme Degenar. *Alberto Santos-Dumont: novas revelações*. São Paulo, Editora de Cultura, 2009.

CERF, Alain. *Dimitri Sensaud de Lavaud – Un ingénieur extraordinaire*. Nîmes, França, Editions du Palmier, 2009.

COELHO, Maria Inês Zampolim; MORETI, Helio Marcos; MESSIAS, Maria do Carmo. *Osasco – História e Identidade*. Osasco, FITO (Fundação Instituto Tecnológico de Osasco).

ELETROPAULO. *A Cidade da Light: 1899-1930 (The City of the Light Company)*, vol. 1 e 2, edição bilíngue, São Paulo, Superintendência de Comunicação/Departamento de Patrimônio Histórico, 1990.

HOFFMAN, Paul. Asas da Loucura. Rio de Janeiro, Objetiva, 2004.

LINS DE BARROS, Henrique. *Desafio de voar*. São Paulo, Metalivros, 2006.

_____. *Santos-Dumont e a invenção do voo*. Rio de Janeiro, Jorge Zahar Editor, 2003.

NOGUEIRA, Salvador. *Conexão Wright-Santos-Dumont*. Editora Record, 2006.

OLIVEIRA, Neyde Collino de; NEGRELLI, Ana Lúcia M. Rocha. *Osasco e sua história*. São Paulo, CG Editora, 1992.

_____. *Osasco e seus Imigrantes – uma volta ao passado*. São Paulo, Scortecci Editora, 2003.

SANTOS-DUMONT, Alberto. *Os meus balões*. Biblioteca do Exército, 1973.

_____. *O que eu vi, o que nós veremos*. 1918. (Na web em http://www.dominiopublico.gov.br/download/texto/bi000197.pdf)

Tese de Mestrado

WERNER, Helena Pignatari. *O Primeiro Voo da América do Sul*. São Paulo, PUC – Pontifícia Universidade Católica, 1969-1970.

Revistas

Abraex – Associação Brasileira de Aviação Experimental. CAMPS, Pierre A. "Dimitri Sensaud de Lavaud – Nosso Thomas Edison". São Paulo, nº 25, setembro de 2008.

Aero. "1º voo de avião no Brasil". Vol. 3, Nº 1, janeiro/maio, 1976.

Armas, Tecnologia e Defesa. PEREIRA, Roberto. 'Janeiro de 1910 – o voo pioneiro do 'São Paulo''. Nº 20, ano 3, 1985.

Esso Oilways. "Brazilian Inventor of Centrifugally Cast Pipe". Vol. 20, nº 5. Nova York, Esso Standard Oil Company, maio de 1954.

Realidade. PESSOA, José de Souza; FASANARO, Risomar. "O primeiro voo no Brasil". Ed. Abril, nº 20, dezembro de 1973.

Revista do Ar. PANCADA, João Paulo. "Dimitri Sensaud de Lavaud e o 1º voo da América do Sul". Lisboa, Aero Club de Portugal, Nº 609, Abril/Maio/Junho de 2003.

Jornais

O Comércio de São Paulo, *"Um novo aeroplano". 8 de janeiro de 1910.*

_____. "O primeiro voo de Sensaud no Parque Antarctica. Houve um momento em que o povo temeu pela sorte do arrojado aviador". 20 de fevereiro de 1911.

Correio Paulistano. "O aeroplano De Lavaud – As primeiras experiências do motor". 9 de outubro de 1909.

_____. "O aeroplano do Sr. Lavaud, em Osasco – A experiência de hontem". 8 de janeiro de 1910.

_____. "O aeroplano do Sr. Gastão de Almeida. Experiência no prado da Mooca". 12 de janeiro de 1910.

_____. "A exposição do aeroplano 'São Paulo'". 13 de janeiro de 1910.

_____. "O Sr. Demetri Sensaud de Lavaud começou hontem a desmontar o seu monoplano 'São Paulo'". 18 de janeiro de 1910.

_____. "O Sr. Demetri Sensaud de Lavaud começará a armar seu apparelho no hangar que se acha ao lado do Sr. Gastão de Almeida". 19 de janeiro de 1910.

_____. "O Sr. Demetri Sensaud de Lavaud começará hoje a montar o seu monoplano 'S. Paulo'". 21 de janeiro de 1910.

_____. "O Sr. Demetri Sensaud de Lavaud pede-nos para declarar que não realizará vôos amanhã, no Hippodromo". 29 de janeiro de 1910.

_____. "Aviação em São Paulo". "Espetáculo de aviação no Hippodromo da Mooca". 1 de janeiro de 1911.

_____. "Aviação em São Paulo". 2 de janeiro de 1911.

_____. "Aviação em São Paulo". 3 de janeiro de 1911.

_____. "A arte de voar". 9 de janeiro de 1911.

_____. "O aviador francês Sensaud efetuará hoje uma ascensão com um monoplano systema Bleriot, importado da Europa". 19 de fevereiro de 1911.

_____. "A ascensão de hontem no Parque Antárctica". 20 de fevereiro de 1911.

_____. "O aviador Sensaud". 21 de fevereiro de 1911.

Diário Popular. "A aviação em São Paulo". 11 de janeiro de 1910.

_____. "A inauguração da exposição do aeroplano São Paulo". 13 de janeiro de 1910.

_____. "Sport – Aviação". 17 de janeiro de 1910.

O Estado de S. Paulo. "Experimentos de aviação em S. Paulo". 03 de outubro de 1909.

_____. "O sucesso obtido com o aeroplano de Lavaud. O motor de Lavaud N° 1". 10 de outubro de 1909.

_____. "O primeiro voo em aeroplano na América do Sul". 8 de janeiro de 1910.

_____. "Voos no prado da Mooca". 9 de janeiro de 1910.

_____. "O monoplano 'S. Paulo'". 15 de janeiro de 1910.

_____. "O aviador fluminense e o Sr. Demetrie Sensaud de Lavaud farão novas experiências perante o público". 22 de janeiro de 1910.

_____. "Devido a uma accidente no carburador, o Sr. Demetrie Sensaud de Lavaud não realisou nenhuma experiência". 24 de janeiro de 1910.

_____. "O aviador francês Sr. Sensaud fará diversos vôos no Parque Antárctica'. 8 de janeiro de 1911.

_____. "A aviação em São Paulo. As experiências de hontem no Parque Antárctica". 20 de fevereiro de 1911.

_____. "Primórdios da aviação brasileira". 13 de julho de 1944.

Gazeta de Osasco. OLIVE, Reynaldo de. "Osasco, berço da aviação na América do Sul". 4 de janeiro de 1963.
Gazeta de São Paulo. "Discute-se no Rio a quem cabe a primazia da construcção do 1° avião no Brasil". 31 de outubro de 1935.
_____. MATTOS, Paulo Santos. "Uma história que deve ser contada – O primeiro avião idealizado, desenhado e construído em São Paulo". 10 de abril de 1954.
A Região. "Um osasquense conta a história dos Sensaud de Lavaud". Osasco, ano XX, n° 4.008, 22 de fevereiro de 1985.
Tribuna do Povo. "Em Osasco, o homem aprendeu a voar". Osasco, fevereiro de 1978.

Acervo

Museu Municipal de Osasco Dimitri Sensaud de Lavaud
CDHO (Centro de Documentação Histórica de Osasco) – UNIFIEO

Documentos

Certidão de casamento de Dimitri Sensaud de Lavaud e Berthe Rachou. 27 de junho de 1903. Oficial de Registro Civil das Pessoas Naturais do 5° Subdistrito – Santa Efigênia – São Paulo – SP.
Certidão de nascimento de Georgette Sensaud de Lavaud. 17 de maio de 1904. Oficial de Registro Civil das Pessoas Naturais do 5° Subdistrito – Santa Efigênia – São Paulo – SP.
Certidão de nascimento de Robert Sensaud de Lavaud. 14 de setembro de 1907. Oficial de Registro Civil das Pessoas Naturais do 7° Subdistrito – Consolação – São Paulo – SP.
Certidão de nascimento de Gabrielle Sensaud de Lavaud. 8 de dezembro de 1911. Oficial de Registro Civil das Pessoas Naturais do 5° Subdistrito – Santa Efigênia – São Paulo – SP.
Certidão de óbito de Lourenço Pellegatti. 24 de junho de 1976. Oficial de Registro Civil das Pessoas Naturais do 14° Subdistrito – Lapa – São Paulo – SP.
Cópia integral do Requerimento de Título Declaratório de cidadão brasileiro de Dimitri Sensaud de Lavaud. Naturalização concedida em 15 de fevereiro de 1916. Arquivo Nacional, Rio de Janeiro – RJ.

Na Internet

Câmara Municipal de Osasco – http://www.camaraosasco.sp.gov.br/
Portal de Osasco – http://www.osasco.com.br
Os teatros da São Paulo dos barões do café – http://virtualia.blogs.sapo.pt/20149.html
Embraer – http://www.embraer.com/portugues/content/home/
Biblioteca do Congresso dos EUA - http://memory.loc.gov
To Fly is Everything - http://invention.psychology.msstate.edu

Agradecimentos

Os autores gostariam de agradecer a todos os que contribuíram, de uma forma ou de outra, para que o projeto deste livro se tornasse realidade, em especial a:

Adriano Fromer Piazzi, editor, que aceitou publicar o livro por sua editora, a Aleph;

Silvio Alexandre, que se entusiasmou pelo projeto desde o início e coordenou a edição do livro (além de ir a campo conosco durante a pesquisa);

Regina Célia Pires (*in memoriam*), diretora do Museu Municipal de Osasco – Dimitri Sensaud de Lavaud, que, desde o início, apoiou nossa pesquisa, nos dando livre acesso aos arquivos do museu;

Edileusa Malfetti e **Renata Dias,** funcionárias do Museu de Osasco, e **Sílvia Letícia Reis da Silva,** funcionária da Secretaria de Cultura de Osasco, sempre muito solícitas e simpáticas, ao longo de toda nossa pesquisa;

Pierre A. Camps, pelas longas e agradáveis horas de entrevista, pelas imagens e pelos documentos de seu acervo, pelas traduções dos textos em francês e por ter presenteado a todos nós com a réplica do avião de Dimitri;

José Luiz Alves de Oliveira, pesquisador osasquense, pelo precioso material documental e iconográfico disponibilizado para o livro;

Fabiana Ryser S. Silva, bisneta de Dimitri Sensaud de Lavaud, que nos enviou imagens raras pertencentes ao acervo da família;

Laerte Pellegatti, filho de Lourenço Pellegatti, que nos recebeu para uma agradável entrevista, em que nos forneceu importantes informações sobre seu pai;

Alain Cerf, autor francês da biografia de Dimitri, por nos ter enviado um exemplar de seu livro, e **Aline de Alexandria** e **Pasquali**, que, de Paris, também nos enviou exemplares do livro de Alain Cerf;

Risomar Fasanaro, jornalista e escritora que há muitos anos pesquisa a história sobre o primeiro voo do Brasil, pela agradável conversa, pelas informações e pelas fotos;

Áurea Lopes de Alexandria Weber, pela indicação das belas imagens antigas de São Paulo, pertencentes ao acervo da Eletropaulo.

Sobre os autores

Susana Alexandria, tradutora e escritora, é formada em Letras pela USP – Universidade de São Paulo e pós-graduanda em Argumento e Roteiro para Cinema e Televisão na FAAP – Fundação Armando Álvares Penteado. Fã de ficção científica, traduziu clássicos do gênero, como *O Fim da Eternidade* (*The End of Eternity*), de Isaac Asimov, *A Mão Esquerda da Escuridão* (*The Left Hand of Darkness*), de Ursula Le Guin, e *Encontro com Rama* (*Rendevous with Rama*), de Arthur C. Clark, todos pela editora Aleph.

Nascida em São Paulo, mas criada em Osasco, passou muitos anos morando numa vila ao lado do Chalé Brícola, palco do voo histórico relatado neste livro. Quando criança, brincou no casarão abandonado, acompanhou a reforma da casa e esteve presente na inauguração do Museu de Osasco, instalado no antigo chalé – hoje Museu Dimitri Sensaud de Lavaud. Sempre teve fascínio pelo casarão do século XIX.

Entretanto, só muitos anos depois – numa pesquisa para um trabalho de escola, quando cursava o segundo grau na Fundação Bradesco, em Osasco –, foi que ela tomou conhecimento

Distribuição domiciliar gratuita Nas bancas, Cr$ 400

O DIÁRIO REGIONAL

Diretor: VREJHI SANAZAR

Um pouco da r

Susana Lopes de Alexandria

No século passado, Osasco nada mais era do que uma enorme chácara, dividida em grandes lotes, da propriedade de latifundiários. Havia uma olaria, uma Indústria de Cartonagem e uma fábrica de tecidos, todas existentes em virtude da iniciativa do imigrante italiano Antônio Agu, fundador de Osasco, em sociedade com grandes proprietários da época. Sua intenção era transformar Osasco num bairro industrial. Já existia também a estrada de ferro Sorocabana, que cortava toda a região.

Foi neste cenário que o banqueiro Giovani Bricola construiu, no alto de um morro e em meio a muitos eucaliptos, um grande chalé em estilo europeu. Era uma casa sofisticada e nela foi usado o melhor material existente na época: mármore de carraca, pinho de riga e azulejos europeus. Para não ter que importar vigas de ferro, Bricola fez a estrutura do chalé toda com trilhos de [...] da de ferro Sorocabana.

Além de seu construtor, o casarão — que mais tarde ficaria conhecido como Chalé Brícola — abrigou algumas das mais importantes personalidades da época, como o Barão Évaristhe Sensaud de Lavaud, um dos sócios de Antônio Agu na olaria e pai de Dimitri Sensaud de Lavaud, realizador do primeiro vôo no Brasil com um aparelho mais pesado que o ar.

Enquanto os jornais do mundo inteiro noticiavam as façanhas do brasileiro Alberto Santos Dumont, que voou em seu avião na França, em 1904, [...] francês tentava [...] mesmo no Brasil.

Depois de m[...] balhando na cons[...] aparelho — bati[...] Paulo — finalmen[...] janeiro de 1910, tomou seu lugar [...] foi dada a ordem [...] da: o avião desliz[...] so os primeiros [...] atual rua João B[...] ganhando ambalo [...] da e, depois de [...] cerca de 70 metr[...] tou vôo, confu[...] com o grande n[...] chapéus, lenços [...] atirados para o ar da história de Dimitri Sensaud de Lavaud. O trabalho sobre o chalé e o primeiro voo do Brasil acabou virando matéria de capa do jornal osasquense *O Diário*, em 2 de março de 1985. Desde então, Susana passou a acalentar a ideia de escrever um livro para divulgar essa história, desconhecida da maioria dos brasileiros. Em 2006, voltou a pesquisar o assunto e convidou o jornalista Salvador Nogueira para se unir ao projeto.

Um pouco da vida do Museu de Osasco

Um pouco da história do Museu de Osasco, o seu desenvolvimento, sua situação atual e algumas das perspectivas que se tem para este órgão, é o assunto desse artigo, fruto de uma pesquisa. Hoje o Museu de Osasco ocupa uma posição que deve ser analisada e discutida, para que se tenha uma maior valorização da memória municipal. Página 8.

nória de Osasco

ultidão que assistia áculo. Não atingiu altitude: ficou en- 4 metros do chão, em linha reta por to aproximado de tros, no tempo de dos e 18 décimos qual — para grande do aviador e do — o motor parou, o avião cair a uns tros do ponto de quase à beira do

r do inesperado xperiência foi um e marcou o nome o no cenário inter-

Salvador Nogueira, nascido na cidade de São Paulo, estudou jornalismo na USP – Universidade de São Paulo e é jornalista com especialização em ciência. Foi durante sete anos repórter de ciência do jornal *Folha de São Paulo*. Trabalhou por três anos como o primeiro editor de Ciência e Saúde do G1, portal de notícias da TV Globo na internet, e foi colunista da rádio CBN. Ao longo de sua carreira, fez comentários televisivos sobre temas de ciência na TV Record e na GloboNews. Atualmente, é editor da revista *Conhecer* (Duetto), versão brasileira da *Knowledge*, publicação da BBC de Londres.

Apaixonado por ficção científica, Nogueira publicou em 2006 um conto do gênero na prestigiosa revista científica britânica Nature. Mais tarde o texto também seria incluído numa antologia em forma de livro com os melhores contos publicados pelo periódico. Nesse livro, *Futures from Nature*, organizado por Henry Gee, seu nome figura ao lado de gigantes da ficção científica, como Arthur C. Clarke e Norman Spinrad.

Sócio-fundador da Associação Aeroespacial Brasileira, ele escreveu quatro livros: *Rumo ao Infinito* (Globo), sobre a história da exploração espacial; *Conexão Wright-Santos-Dumont: A Verdadeira História da Invenção do Avião* (Record), uma versão romanceada, mas fortemente baseada em documentos, do processo que levou à criação dos aeroplanos; e dois volumes da coleção *Explorando o Ensino*, organizada pelo Ministério da Educação, versando sobre astronomia e astronáutica, com o intuito de ajudar professores do ensino fundamental e médio a introduzir esses temas com mais facilidade em sala de aula.

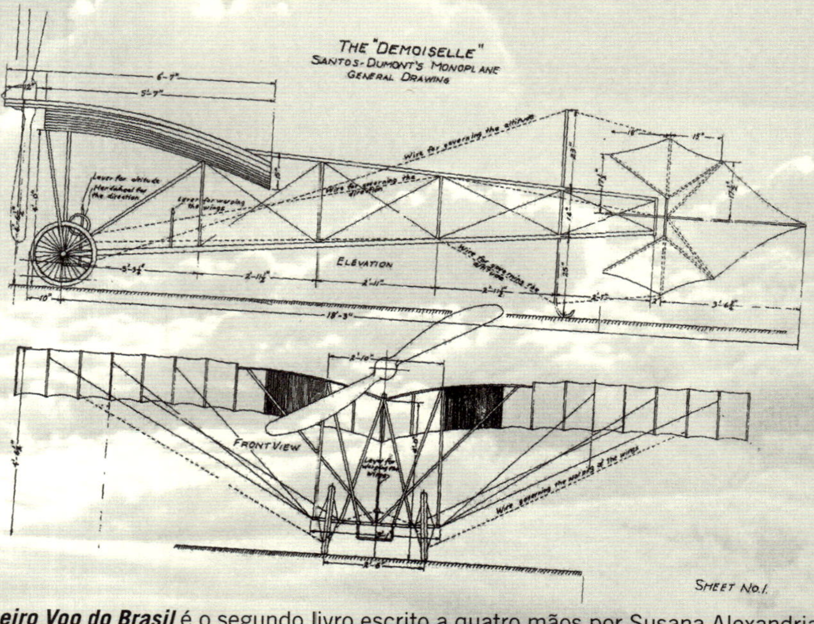

1910 - O Primeiro Voo do Brasil é o segundo livro escrito a quatro mãos por Susana Alexandria e Salvador Nogueira. Em 2009, a dupla lançou o ***Almanaque Jornada nas Estrelas***, também pela editora Aleph, obra que conta a saga do seriado de ficção científica mais popular do planeta.

Créditos das imagens

Acervo CDHO – UNIFIEO: páginas 26 (abaixo direita); páginas 31 (acima), 44 (acima), 47, 59, 75, 130 (acima).

Acervo da Eletropaulo: páginas 57, 66, 90, 91, 93, 99.

Acervo da família Ryser: páginas 39 (abaixo), 45, 101 (acima), 102, 104, 105 (abaixo), 112, 113 (acima).

Acervo de José Luiz Alves de Oliveira: páginas 21, 22 (abaixo), 23, 29, 30, 31 (abaixo), 37, 42, 48 (abaixo), 54 (abaixo), 56 (abaixo), 58, 105 (acima e meio).

Acervo de Laerte Pellegatti: páginas 67 (abaixo), 68 (acima).

Acervo do Museu Dimitri Sensaud de Lavaud: páginas 16-17, 22 (acima), 25, 26 (acima), 28, 39 (acima), 48 (acima), 49 (meio e abaixo); 50, 51, 54 (acima), 55, 56 (acima), 73, 77, 89, 100, 108 (abaixo), 109 (acima), 110, 111, 119.

Acervo de Pierre A. Camps: páginas 38, 40, 41, 52, 103, 106, 107, 108 (acima), 113 (abaixo), 123, 128, 129, 130 (abaixo), 131, 132, 133, 134.

Acervo de Rômulo Fasanaro: páginas 27, 49 (acima), 67 (acima), 109 (abaixo).

Acervo de Susana Alexandria: páginas 26 (abaixo esquerda), 34, 35, 44 (abaixo), 53, 118.

Agência Estado: página 71.

Arquivo Público do Estado de São Paulo: páginas 85, 87, 88.

Art Renewal Center: páginas 9, 10.

Montagem de Will: páginas 43, 78-79 (com ilustrações de José Luiz Alves de Oliveira), 95.

Reprodução: páginas 05, 11, 12, 13, 14, 19, 20, 32, 33, 61, 63, 65, 68 (abaixo), 74, 76, 81, 96, 97, 101 (abaixo), 115, 117, 119, 120-121, 140-141, 142.

Esta obra foi composta pela Cálamo Editorial em Rotis Semi Serif e Trade Gothic LT Std, e impressa em papel Pólen Soft 80g/m² (miolo) e Cartão Supremo 250g/m² (capa) pela Paym Gráfica para a Editora Aleph em maio de 2010, ano do centenário do primeiro voo do Brasil, realizado por Dimitri Sensaud de Lavaud.